戦前の大金持ち

出口治明 編
Deguchi Haruaki

小学館新書

まえがき

僕が明治・大正生まれの実業家の世界に興味を抱いたのは、『「全世界史」講義Ⅰ、Ⅱ』という本を書いているときのことでした。

日本の近現代史を調べていた際、長崎市のホームページを見ていたところ、梅屋庄吉《うめやしょうきち》という野心的な実業家の存在を知りました。説明を読むと、梅屋庄吉はあの孫文に巨額の寄付を行い、辛亥革命を莫大な資金によって支えていた、とある。その金額は事業で稼いだお金のほぼ全てといわれるほどで、現代人の感覚からすると俄《にわ》かには信じがたいものがありました。

今年、僕は立命館アジア太平洋大学（ＡＰＵ）の学長に就任しましたが、それまでは自分自身も一〇年にわたってライフネット生命というベンチャー企業の経営をしてきました。

当時の自分を振り返ってみても、こう思うのです。いまの時代にもし孫文のような人がいたとして、会社の稼ぎの全てを一人の男に寄付するような経営者がいるだろうか、と。なぜこの梅屋という人物は、事業で稼いだお金を無際限に孫文の革命につぎ込んだのか。考えれば考えるほど、不思議な気がしました。

また、ちょうど同じ頃に島根県を訪れる機会があり、以前から行きたいと思っていた「足立美術館」に足を運んだことも、昔の日本の実業家のスケールの大きさに惹かれたきっかけの一つでした。

足立美術館には、アメリカの日本庭園専門誌で一五年連続で日本一に選ばれている素晴らしい庭園があります。館内には日本画の名作がなんと一五〇〇点、なかでも横山大観《よこやまたいかん》の代表作がほとんど揃っています。これを個人の実業家がつくったというのです。

この途方もない美術館をつくった人物の名は、館のパンフレットを読むと足立全康《あだちぜんこう》とありました。明治生まれの人で、小作人の家に生まれながら様々な仕事をし、最終的には戦後に不動産で大儲けをして美術館をつくったそうです。

しかし、そのような美術館をつくったにもかかわらず、この人の名前は世の中にほとんど知られていません。

僕たちは歴史の時間に三菱財閥や安田財閥は習うけれど、足立全康という個人の実業家のことは習わない。そのように名前も知らなかった一人の男が裸一貫でお金を儲けて、こんなにすごい美術館をつくった――その事実には胸を動かされるものがありました。

他にもパリで豪遊をし、いまのお金で何百億円もの散財をしたという薩摩治郎八《さつまじろはち》。日本初の真珠のブランドを作った御木本幸吉《みきもとこうきち》や、日本林業の礎を築いた土倉庄三郎《どぐらしょうざぶろう》――。

そうした人々のエピソードを知ると、僕は戦前の日本のイメージが自分の中で明らかに変化していくのが分かりました。

僕らは「日本」や「日本人」について語るとき、例えば「メザシの土光さん」（土光敏夫）のような質実剛健で素朴なエピソードを好むところがあります。我慢強く、和を大切にする勤勉な日本型の経営者――。一方でそれとよく対比されるのが、スティーブ・ジョブズのようなアメリカのシリコンバレーが生んだベンチャー起業家たちの姿でしょう。

しかし、そのようなイメージで語られる日本の経営者像は、戦後の高度成長期以降に作られたものだと思います。戦後の日本は一括採用と終身雇用、年功序列、そして定年という製造業の「工場モデル」に過剰適応し、その労働慣行が日本人の労働者像を作っていきました。経営者像も同じです。日本の社会全体が工場モデルに適応した結果、僕らはそれこそが伝統的な日本の企業や経営者のあり方だという「神話」を信じるようになったのです。

しかし、本書でこれから紹介していく七人の実業家の姿は、そうした従来の日本の経営者像を見事に裏切っていきます。何よりも僕自身が、彼らの人生を知るうちに、日本の実業家の歴史にも非常に豊かな世界があったことを実感しました。実は戦前の時代には近年のシリコンバレーのように、グーグルやアップルが出てくるような自由な雰囲気があったのではないか。明治から大正・昭和にかけてのある時期、資本主義が芽吹いていく時期の日本には、おそらく僕らが想像する以上に豪快な人物たちを生み出す気風があったのだろう、と。

その意味で彼らの人生は、多様な日本、多様な日本人を映し出す鏡のようでもあります。何もジョブズに代表されるシリコンバレーの起業家を知らなくても、つい一〇〇年前の日本人の姿からだって同じように「ベンチャー精神」を学ぶことができる。

本書で紹介する七人の実業家は、そんな日本の歴史の多様さを必ずや伝えてくれるはずです。そこで彼らの自伝や評伝を手掛かりに、ノンフィクションライターの稲泉連さんと山川徹さんのお力も借りながら、現代に生きる僕らが何を学び取れるかを考えていきたいと思います。本書の出版に際しては、小学館の酒井裕玄さんに大変お世話になりました。ありがとうございました。

皆さんの忌憚のないご意見をお待ちしております。

（宛先）hal.deguchi.d@gmail.com

二〇一八年五月　ＡＰＵ学長　出口治明

戦前の大金持ち

目次

本書の各章は、稲泉連、山川徹氏による［評伝］と、出口治明氏による［解説］から構成されています（最終章は解説のみ）。

第一章

〝革命プロデューサー〟梅屋庄吉

梅屋庄吉／うめや・しょうきち

一八六八年、長崎生まれ。若いころ香港で写真館「梅屋照相館」を経営する。その後、シンガポールでパテー社の映画フィルムを購入して帰国。M・パテー商会を立ち上げて、一九〇六年から全国で映画の興行を行った。のちに白《しら》瀬《せ》矗《のぶ》の南極探検に撮影班を派遣して、ドキュメンタリー映画を製作。一九一二年に日活の前身となる日本活動写真株式会社の創設に参加した。中国の革命家・孫文とは一八九五年に知り合い、その思想に共鳴。辛亥革命後の一九一五年、日本に亡命していた孫文と宋慶齢との結婚披露宴を東京・新宿の自邸で催すなど、パトロンとして孫文を支え続けた。一九三四年に死去。

孫文と庄吉・トク夫妻（小坂文乃所蔵）

【評伝】映画で稼いだ財を全て革命に賭けた

梅屋庄吉は日本で始まったばかりの映画ビジネスで財を成し、自ら稼ぎ出した巨万の富を中国の革命家・孫文に送り続けた人物だ。

中国の革命家と長崎生まれの野心的な実業家——互いにまだ二〇代だった二人が出会ったのは一八九五年。写真の技術を学んでいた梅屋は、シンガポールで写真館を開いた後、香港に移り住んで「梅屋照相館」を経営していた。この写真館に孫文の恩師である医学博士のジェームス・カントリーが出入りしており、そのことが二人の間をつないだという。

「梅屋照相館」で出会った二人はたちまち意気投合し、東洋平和の実現をテーマに夜遅くまで語り合った。「中国の未来のためには革命を起こして清朝を倒すしかない」と話す孫文に対して、梅屋は次のように言ったという。

「君は兵を挙げたまえ。我は財を挙げて支援す」

そして、梅屋はこの言葉を生涯にわたって守り通すことになるのである。

梅屋庄吉の曾孫で、『革命をプロデュースした日本人 評伝 梅屋庄吉』の著者・小坂文《こさかあや》乃《の》さんは語る。

「梅屋にはもともと、日本やアジアが欧米列強に屈している当時の状況を変えたい、という強い思いがありました。そのためにはアヘン戦争に負け、半植民地化されている中国をまずは何とかしなければならない。そこに現れたのが孫文だったわけです」

一八六八年に生まれた梅屋は、長崎の貿易商の息子として育った。一〇歳のときにはすでに持ち前の冒険心を発揮し、店から現在の価値で二〇〇万円は下らない三〇〇〇円を持ち出して、京都や大阪などを旅したこともある。

当時の長崎は上海との交易の窓口であり、江戸時代から続く海外文化の出入り口だった。幼い頃から異国の文化に触れてきた梅屋は、一四歳のときに初めて上海に渡ってアヘン戦争後の大陸の姿を見た。

帰国後に続けて米国への留学を計画するが、乗り込んだアメリカ籍の船で彼が目にしたのは、驚くべき光景だった。そこではアメリカ人の船長がコレラに罹《かか》った中国人の乗員を袋に入れ、海に投げ捨てていたというのだ。

「上海は長崎から出航して一晩寝れば着いてしまうくらいに近い場所です。西洋人が東洋人を力で圧している現実が、日本のすぐ傍まで迫っている。そのことを実感していた梅屋は義憤を感じ、アジアの文化を日本人も中国人も一緒になって守らなければならない、と思ったのでしょう。その意味で同じ一〇代の頃に外から祖国を見つめてきた孫文と共鳴し、思いを一つにしたのは自然なことでした」

冒険好きで、破天荒な性格。海外との窓口であった長崎で、幼い頃から培われた新しいもの好きの気質——。

梅屋は若いときに米相場で大きな損失を出すなどの失敗もしたが、写真館から発展した映画ビジネスで大成功を収めた。

特にシンガポールでのビジネスは大当たりし、帰国時には現在の価値で約一四億円にもなる「五〇万円」を持ち帰ったという。彼はトランクに映画フィルムを詰めて帰国し、すぐに長崎で映画の上映を始めた。

当時の映画は最先端のメディアであり、ビジネスであった。

「その頃の映画というのは、一時期のＩＴベンチャーと同様に、全く新しいジャンルのビジネスだったんですね。何しろ全ての情報を映画館で見る時代ですから、いまでは想像もつかないくらいにお金が儲かる事業だったのでしょう」

帰国後の梅屋が設立したM・パテー商会（日活の前身）は、様々な先進的な試みを果敢に打ち出していった。

梅屋は新聞の夕刊への広告の掲載、上映映画と百貨店とのコラボレーションなど、いくつもの新しいアイディアを自ら実施した。興行の場内の案内係に美女を揃えたり、クーポンを発行したり――という次々と繰り出す彼の発想は大当たりし、会社は瞬く間に成長。莫大な富を生み出すようになる。

南極探検のドキュメンタリー

浅草で人気だった少女一座「娘美団」を撮影した作品、「女歌舞伎」への挑戦、二〇人の新橋芸者を撮影し、彼女たちの着ていた「元禄模様」の着物が日本中で大ブームになったこともある。勢いに乗った彼は一九〇九年に東京・大久保の百人町《ひゃくにんちょう》に撮影所をつくり、一作目の『大西郷一代記』が大ヒットした。

そうしたなかで、ひときわ世間の注目を集めたのが、伊藤博文の国葬を伝えた記録映画と、旧知の間柄だった大隈重信からの依頼で行った南極探検のドキュメンタリー撮影だ。取材・撮影の許可が得られなかった前者において、梅屋は海外の来賓の接待にも使われる日比谷公園内の「松本楼《まつもとろう》」を利用し、創業者の小坂梅吉《こさかうめきち》の協力を得てカメラを事前に搬入。礼装させたスタッフを国葬に紛れ込ませた。当日は役人に露見してフィルムを渡すよう言われたが、梅屋は咄嗟《とっさ》にそれを抜き取って未使用のものにすり替えたという。

後者の南極探検は従来から寄付金や私財を投じて実現しようとしていたもので、大隈からの依頼はまさに渡りに船となった。白瀬矗《しらせのぶ》中尉をリーダーとする探検隊は、一九一二年一月二八日に目標地点に到着。同年にその模様が全国で上映された。〈劇場には南極で捕獲したペンギンの剝製などを展示。入場料は特等席が80銭、3等席が20銭、軍人と子供は半額となっていた。この映画の収益は11万5000円。探検費、隊員、船員の手当を含め。後援会の全ての経費をまかなうほどの金額になった〉という。

また、梅屋は映画事業を公共のために活用する視点を持っており、「バクテリアの研究」などの教材映像を輸入したり、コレラの危険性を啓蒙する映画を無料で公開したりするなど、映画を通して社会的な事業も多く手掛けた。こうした彼の映画事業への挑戦は映画界に大きな影響を与えると同時に、莫大な資金を生み出していくことになったのである。

胡錦濤が訪れた

小坂さんは母親から聞いた話として、映画館からの収入が一日に三〇〇〇円にも上ったことを著書の中で紹介している。そして、彼はみるみる積み重なっていくその資金を約束通り、孫文に惜しみなく送金していくのである。その送金方法はときにスパイ映画さながらで、映画のフィルム缶に札束を詰めて革命軍に届けたこともあった。

辛亥革命後の一九一三年、政争に敗れた孫文は日本に亡命する。その際、彼を匿ったのも梅屋で、翌々年には宋慶齢との結婚披露宴も自宅で執り行った。

「孫文は多くの人に援助を頼んだ人物で、接した日本人の数は一二〇〇人以上にも上るそうです。しかし、革命の失敗や日中関係の変化によって、多くの人は態度を変えていきました。そのなかで梅屋は最初に会った日本人であると同時に、最後まで日中の架け橋であろうとした人でした」

孫文の死後、銅像を南京に寄贈した梅屋は、その後も悪化を続ける日中関係の改善に尽力した。だが、日中戦争が始まる直前の一九三四年に倒れ、六五歳で生涯を閉じる。そのとき、事業で稼ぎ出した金は使い果たされていたという。

現在、梅屋庄吉の曾孫である小坂さんは、彼と深い縁で結ばれた日比谷公園内のレストラン「松本楼」の社長を務めている。孫文もよく訪れたこのレストランの一階ロビーには、日本への亡命中にその妻・宋慶齢が梅屋宅で弾いていたピアノも展示されている。日比谷公園の創業一〇〇年の行事では、当時の中国の国家主席・胡錦濤が訪日し、夕食会の舞台にもなった。

梅屋が生涯を通して好んで使い、信条とした言葉がある。

「富貴在心」――富や貴さは心の中にこそあるという意味だ。

彼が孫文の語る革命への惜しみない援助を貫いたのはなぜだったのか。小坂さんはこの言葉を受け、次のように語った。

「梅屋は確かに孫文に巨額のお金を投じました。ただ、それは孫文のためではなく、欧米列強から日本とアジアの文化を守り、東洋の平和を実現するためでした。全ての財産をなげうったのも、自分自身が叶えたかった夢だったからこそ。彼は孫文を通して自らの夢を実現しようとしたのでしょう」

【解説】国家意識や教育システムがなかった時代の自由な生き方

明治期に活躍した実業家のなかでも、梅屋庄吉は僕が最も強い印象を受けた一人です。彼の名前を初めて知ったのは、昔、孫文について調べていたときのことでした。文献を読んでいると、孫文のことを資金面で助けた日本人がいる、という話がいくつも出てくる。気になって調べてみたところ、梅屋庄吉が孫文の革命を援助した金額がけた違いで、非常に大きな驚きを覚えたのです。

例えば、いまの日本で活躍する多くの著名な経営者の顔を思い浮かべても、外国の革命家に事業で稼いだ資金のほとんどを寄付するような人が、果たしているでしょうか。そのことだけを考えても、いかに梅屋庄吉という人がユニークな経営者であったかが分かります。

また、実際に彼の生涯を評伝などで読んで実感するのは、「明治・大正」という時代に生きた日本の経営者・実業家には、これまで僕が想像していた日本の経営者とはかなり異なる一面があったのではないか、ということです。

そこで、ここでは梅屋庄吉の曾孫であり、日比谷「松本楼」の社長を務めておられる小坂文乃さんが書いた梅屋庄吉の評伝『革命をプロデュースした日本人』をもとに、彼について考えたことを話していきたいと思います。

一四歳で上海へ渡った

さて、梅屋庄吉の人生を幼少期から読み進めながら僕がまず驚いたのは、一四歳のときに上海へ渡ったという記述でした。

彼の実家の「梅屋商店」は、長崎で貿易商と精米所を営んでいました。彼はその実家の金庫からお金を持ち出し、長崎から上海へ行く梅屋商店の船で密航します。

それを割と平然とやってのけているのですが、一四歳といえばいまでいう中学二年生。もし現代の中学二年生が一人でこっそりと親のお金を持ち出して海外に行ったら、それこそ家族も学校も大騒ぎになるでしょう。

ところが、少年時代の彼の好奇心旺盛な行動からは、どうも「国境」というものをあまり意識していないことが感じ取れます。後に一九歳でアメリカに渡ろうとする際も驚くほど自然体で、若くして日本を出ることに対する躊躇《ちゅうちょ》、いや抵抗がない。おそらく少年時代の彼にとって、国境やネーションステイト（国民国家）という概念は、あまり意識に上らないものだったのではないでしょうか。

考えてみれば、梅屋庄吉が生まれたのは一八六八（明治元）年。日本が近代国家へとスタートを切った最初の年でした。

上海に密航したのは江戸時代が終わってわずか一四年後。いまの日本の子供たちは歴史の教科書で「鎖国」を教わりますが、梅屋さんの行動からはそうした「鎖国」の時代の雰囲気がまだ色濃かったからこそ、逆に「国民国家」という意識がまだなかったことが窺えます。

とくに彼のような長崎生まれの人には、自分が「日本人」だという意識もこの時点ではまだまだ薄かったのかもしれません。江戸には徳川という偉い人がいることは知っていても、長崎の人にとって近しい存在なのは鍋島藩や薩摩藩。維新の志士が平気で密航していた時代の雰囲気を、梅屋少年も受け継いでいたのでしょう。

それに、いまでも福岡辺りを中心に同心円を描いてみれば、上海の方が東京よりも距離的に近いことが一目瞭然です。東京までの交通機関が船や徒歩だったことを考えれば、なおさら彼らにとっての「外国」はすぐそこにある存在だったはずです。

つまり小坂さんの著作にも書かれているように、当時の長崎は舶来品の窓口であり、日本における「海外」とのほぼ唯一の出入り口でした。その港町に住む人たちにとって、多くの船が積み荷を携えてやってくる上海は距離的にはもちろん、心理的にも東京よりずっと近しい場所だったのです。

あの港の船に乗れば、ほんの一晩ほどで着くことのできる街――。

梅屋庄吉のような好奇心旺盛な少年にとって、密航というアイディアは私たちが想像するほどには、大それた考えではなかったのかもしれません。子供たちの大好きなエルマーと同じです（『エルマーのぼうけん』）。例えば、素朴な好奇心とちょっとした冒険心があれば、簡単にたどり着けてしまうと想像されるくらいに、彼らにとっての「外国」はすぐ傍にあったのです。

もちろん、素朴な好奇心と冒険心に駆られて海外に出ていく梅屋少年の行動を見ていると、同じように上海には渡ってみたものの、身を持ち崩して死んでいった人もたくさんいただろうと思いました。

これはいまでも全く同じですが、海外に留学したからといって、誰もが大きくなって帰ってくるわけではありません。語学学校に行っても日本人同士で集まり歳だけを取り、英語もさほどうまくならずに帰ってくる人がたくさんいるわけですから。

しかし、彼の場合はそうではなかった。

それは梅屋少年が「世界」から、マーケットそのものを学ぼうとする強い意志を持っていたからです。

世界のマーケットを見る眼

当時の上海は「魔都上海」などと呼ばれた国際都市でした。

上海に外国人居留地の「租界」ができたのは、一八四二年の南京条約（アヘン戦争で清国が大英帝国に敗れて結ばれたもの）以降のことです。以来、大英帝国やアメリカ、フランスが居留地を設定し、上海は欧米列強がひしめき合う最前線の街になりました。

租界では世界中の海千山千の人々が、それこそ一山当てようとひしめき合っていたのです。

この場所を一四歳で訪れた多感な梅屋少年は、おそらく強い衝撃を受けたはずです。もし彼が温室育ちの財閥のお坊ちゃんで、奥座敷で大事に育てられた人であれば、また話は別の展開を見せたかもしれません。

しかし彼は、徳川家康と織田信長の比較で話せば、信長タイプの育てられ方をした人でした。

家康は今川家の人質になるなど苦労しましたが、あくまでも松平家の跡継ぎということで、重臣に囲まれて育った。一方で信長は放し飼い状態で、一人で清洲《きよす》の町をほっつき歩いていました。奥座敷できちんとした教育を受けていないかわりに、自ら町人や商人と話をして触れ合うことで、マーケットそのものを身体で学んだわけです。その原体験が、後々まで二人のキャラクターに影響を与えます。

大事な跡継ぎだからと家の中で大切にされていると、町中での野卑な喧嘩などはなるべく目に触れないように育てられるものです。しかし、実際の町中では人々が酔っぱらって殴り合いをしたり、盗みを働いたり、様々な知恵を絞ってお金を儲けようとしている。

そうした人間社会の実相に触れて堕ちていく人もいるけれど、梅屋少年はそこから生きた社会を学んでいく姿勢を持っていたのでしょう。それは言い換えれば、自分の目で世界のマーケットを見る眼を持っていたということ。そのことがいかに短い時間で彼を鍛えたか、と思うのです。

僕自身、ゼロから会社を起業して経営をしていたのでまざまざと実感するのですが、マーケットを教科書として自ら体験するというのは、まさに生きた学問を身に付けることです。

その意味でも梅屋庄吉が一四歳で海外に行こうと思い、しかもそれが当時のグローバル都市の最先端の上海であったことは、彼の人生の方向性を決める決定的な要因になったといえるでしょう。

では、上海という「外国」に初めて下り立った彼は、その旅の中で何を見たか。

彼は肉体労働や〈からゆきさんの使い走り〉までしながら上海に滞在し、そこで暮らす人々の様子をよく観察しました。そして、そこで間近に見ることになったのは、自分と同じ肌の色をした中国人が、欧米列強の白人に虐げられ、差別されているという現実でした。

庄吉は仕事の合間に、上海の人たちの生活ぶりを見て考えさせられた。彼らの多くは貧しく、しかも、街角には「中国人は立ち入るべからず」と書かれた看板を立てられるなど、欧米人に屈辱的な扱いを受けていた。生まれ育った長崎では、中国人のことを尊敬と親しみをこめて「あちゃさん」と呼んでいたのに対し、この違いは何なのだろう……。生来、義侠心の強い庄吉は、欧米列強に対して怒りが込み上げてきた。

小坂さんはそのように書いています。

さらに一九歳でアメリカを訪れようとした際には、コレラに罹患した出稼ぎの中国人を、アメリカ人の船長が袋に入れて海に投げ捨てた、という凄まじい光景をも目にしています。このような体験の中で、彼は当時のグローバルなビジネスの環境を身をもって学ぶと同時に、欧米人にいいようにあしらわれている「アジア人」への同胞意識を持つようになるのです。アジアの国々は欧米にいいように虐げられているが、それを自分たちみんなで頑張ってどうにかしなければいけない——。少年時代に漠として抱いたそんな思いが、「ビジネス」と「アジア」を結び付け、やがては孫文との出会いへとつながっていく。彼の考え方はある方向に行けば「大東亜共栄圏」と重なりますが、一方では自由と平等を重んじるグローバルな思想へとつながるものでもあったのです。

「富貴在心」の精神

梅屋庄吉の人生を見ると、少年・青年時代の体験がいかにその後の人生に大きな影響を与えるかがよく分かります。

例えば彼が生涯、大事にしていた座右の銘は次の言葉でした。

〈富貴在心〉＝〈この手によって造られざる富は多しといえども貴《とうと》むに足らず〉

この言葉の意味は、人の価値というものはお金持ちであるかどうかではなく、その心の中にある、というものです。梅屋庄吉の人生に対する価値観を一言でいえば、この「富貴在心」になる。実際に大金持ちになった彼が言うと、とても説得力があります。

梅屋庄吉は大変立派な家に生まれたわけですが、広大な邸宅も商店も天井から見れば、何の差違もないということを彼は日記に書いています。この平等主義の背景には、少年時代の上海での体験があったような気がします。

こうして彼がアジア主義という思想を自らの体験によって身に付けていく経緯を知ると、後に孫文に出会った彼が、革命を支えようとした心の有り様も理解できるように思いました。

この二人はさぞかし話が合ったことでしょう。

孫文もまた、梅屋庄吉と同じように、一二歳で親戚のいたハワイに渡り、西洋の思想や文化に触れた人でした。いわば、二人とも子供の頃からグローバルな感覚を、少し無鉄砲な形ではありながらも肌で学び、そこから自らの人生観と社会や人間に対する感覚を身に付けた、という共通点があった。

おそらくその友情の間には「日本」や「中国」といった国民国家の感覚よりも、志を同じくする二人で、何か新しい世界を作り上げていくのだといった共感があったのだと、僕には思えてなりません。

ところで、彼は「富貴在心」に次の二つを合わせ、それを「三信条」と呼んで自らの生きる指針としていたそうです。

〈世の中は持ちつ持たれつ　お互いに助け合うこそ人の道なれ〉
〈身を捨ててこそ浮かぶ瀬もあれ〉

東洋の伝統の一つに「稷下《しょくか》の門」という思想があります。お金持ちは家を開いて、多くの学生を集めるものだ、というような考え方で、梅屋商店もいまでいうシェアハウスのように多彩な人を集めていたところがありました。

梅屋庄吉もその伝統を受け継ぎ、半グレのような怪しげな人も「来るものは拒まず」で家に上げ、奥さんが教育をしている。いまは役に立たなくても、いつかはそうした人が自分を助けることもある――実際にそのうちの一人を、彼は後にシンガポールの写真館の館長にしています。

また、その写真館が革命の志士たちの梁山泊《りょうざんぱく》のようになっていったのも、三信条を貫いて生きる彼の人間に対する考え方を感じさせます。後に第二次世界大戦が始まって日中関係が悪化した際、彼は取り調べを受けて獄中に入れられたこともありましたが、平然と自らの信念を貫き通しています。これもまた、自らの信条に沿って生きる彼の強さです。

もともと彼が梅屋家で培ったこうした信条は、上海に行くことでより強化されたに違いありません。人はみな平等、困っていたらお互い様。梅屋庄吉にとってこの三信条こそが国家意識などよりも強いものだったと考えれば、彼の揺るがない生き方への理解が深まるのではないでしょうか。

製造業「工場モデル」の限界

ところで、梅屋庄吉と孫文が後に出会い、必ずしも「国民国家」にとらわれない自由な関係を作り上げられたのは、やはり近代のネーションステイト意識がまだ十分には涵養《かんよう》されていない時代に、青年期を過ごしたことが大きかったはずです。

その意味で梅屋庄吉の人生を追っていくなかで、僕がもう一つ考えさせられたのが、「教育」のあり方についてでした。

一八六八年生まれの梅屋庄吉は、梅屋商店の息子として私塾に通い、幼い頃から読み書きや算術を習っていたそうです。

彼の育った時代は日本が近代国家になるため、様々な制度を急速に作り上げていく時期に当たりました。

教育制度もその一つで、彼は現代にも連なる義務教育が始まる直前、ネーションステイトの意識や近代的な社会常識が一律に教え始められる前に、育った世代だということになります。

僕はもし彼が明治政府の作った教育制度、例えば「教育勅語」などのスローガンの下で育っていたら、あの時代に国境を軽々と飛び越えていくこのような人物に果たして成長しただろうか、と思うのです。

明治期はともかく、戦後に限って考えてみても、政府の制度が与える影響の大きさは歴然としています。

戦後の教育制度は、製造業の「工場モデル」に特化したものです。

小学校や中学校では「和を以て貴しと成す」、「みんなで決めたことを守りましょう」「授業中に喋る人には注意をしましょう」といったことが、社会常識として教えられます。

現在に至るまでそうした協調性が第一とされてきたのは、「教育によって作られるべき人間像の理想」が工場で長時間黙々と働く勤労者であったからでした。

製造業は生産ラインを滞りなく稼働することが最も重要なので、黙って素直に言われた仕事をやる人が評価されます。つまり、みんなで決めたことをきちんと守る協調性や素直さこそが、工業化を進める社会にとっては優秀な人間と見なされる。

例えば、その工場に労働者としてスティーブ・ジョブズが入ってきて、ベルトコンベアの前で「これは何の意味があるんだろう？」と考え始めたら、その度にラインが止まってしまいます。ラインの前で「このコンベアは正しいのだろうか」などと考えだす人は、キャッチアップ段階では重要な製造業の「工場モデル」には全くフィットしないのです。

そして、こうした教育システムによって生み出された勤労者が、戦後の日本の復興や高度成長を牽引していきました。製造業の「工場モデル」が牽引する社会では、腕っぷしの強い男性を長時間労働させ、女性は専業主婦として家を守る、という性分業が形成されていきます。様々な社会制度もその前提に立って作り上げられてきたわけです。

しかし、一方で協調性を重視するそうした「工場モデル」や教育システムは、現代においては徐々に破綻しつつあると思います。

「協調性」が大切とされる価値観の下では、他の人たちと横並びであることが「正しい」とされるため、ジョブズのように物事を原点から考える力はどうしても失われがちになります。

現在の日本では製造業のGDPに占めるウェイトが、四分の一を割り込み、製造業の「工場モデル」に特化したシステムでは社会が成り立たなくなってきています。

サービス産業など非製造業の価値の源泉は人間の脳みそから生まれますから、成長するためには常に頭に刺激を受けてアイディアを出し続けることが求められます。僕は「働き方の改革」の基本は、「工場モデル」の「飯、風呂、寝る」の生活から「人、本、旅」の生活への切り替えにあると思っています。

そのために重要なのが、長時間労働を止めることです。長い時間をかけて労働をして、家と職場を往復しながら「飯、風呂、寝る」の生活を繰り返していては、イノベーションを起こすようなアイディアはまず出てきません。

早く家に帰り、空いた時間を活用して「人、本、旅」とたくさん触れ合うことが、サービス業が中心になった現代に合った働き方。教育システムもまた、そのためのものへと変わっていかなければなりません。

あらあらに述べれば、協調性が大事だという教育から、人はみんな違うという教育へ。みんながそれぞれ思っていることをきちんと主張し、ジョブズのような人を育て上げる教育をしなければ、これからの産業は伸びないでしょう。

その意味で梅屋庄吉の人生には、いまの時代だからこそ学ぶべきことが多いと僕は感じました。

ネーションステイトや欧米列強に倣った教育制度が、まさに作り始められる時期に彼は少年時代を過ごしました。江戸時代と明治時代の境目の混沌とした時代に生を受けても、自主性のない人であればのんべんだらりと一生を送ってしまったかもしれません。むしろ当時においても、そうした人の方が多かったはずです。

しかし、ある種の人たち——梅屋庄吉のような人は、教育においても実社会においても型にはめられることのない、非常に自由な環境の中で伸び伸びと成長することができた。

彼の生涯を知って僕が強く印象付けられたのは、明治時代はある一時期、多くのスティーブ・ジョブズの誕生を促す自由闊達さがあったのではないか、ということでした。そのことを梅屋庄吉という人物が体現しているように思うのです。

中国に孫文の銅像を

シンガポールなどで事業を興し、日本でもメディア事業を大成功させた梅屋庄吉は、孫文の革命運動を資金面で支えていくことになります。彼の幼少時代の体験や人生の哲学を踏まえると、小坂さんが書いているように、梅屋庄吉は孫文の単なるパトロンではなく、彼の革命に自ら真剣に参画していた、という気持ちだったのではないでしょうか。おそらく、彼は二人で革命を志していたつもりだったのではないか、彼は孫文のパトロンではなくむしろパートナーであったのではないか、と僕は評伝を読んで思うようになりました。

とりわけそれを確信させたのは、孫文の訃報を聞いたときの彼の落ち込みようでした。

彼は指輪や宝石、香水が大好きというちょっと可愛いところがあるのですが、なかでも凝っていたのが盆栽だったそうです。

朝五時に風呂に入り、ビーフステーキを食べてから、何万鉢という盆栽の手入れをしていたというのですから、相当にエネルギーのある人だったのでしょう。そうした俗っぽい趣味とパワフルな日常生活を送っている人が、全財産をなげうって革命を支援するところに、凄味を感じずにはいられません。

それが孫文の死後、彼は落胆のあまり盆栽への関心すらなくしてしまったというのです。あれほど大好きだった趣味への情熱が失われたというのは、やはり彼がそれだけ孫文に対して本気であったからです。

梅屋庄吉は晩年、中国に出向いて孫文の銅像を造ることに、長い時間と労力をかけています。自分のパートナーは死んだ、では、残された自分はどうするか。親友であった同志孫文を絶対に忘れさせてなるものか、という気概と愛情が銅像という素朴な発想へとつながっている気がします。

そして、それは自分が一生をかけてやってきたことを、決して風化させたくないという意地のようなものでもあったはずです。梅屋庄吉は自分の手で孫文という人を永遠化したかったのでしょう。僕はその愚直なまでに孫文を愛する彼の晩年に、強く胸を打たれる思いがしました。

彼の革命への援助は単に金持ちの道楽ではなく、彼自身が全身をなげうって行った必死さゆえのものでした。それは教条的な必死さではなく、人間としての存在をかけた必死さです。僕は一人の経営者として、そこに惹かれずにはいられません。

なぜなら、経営もそれと一緒だからです。一度やり始めたら、何があっても本気になって最後までやり抜くという必死さがなければ、ビジネスを成功させることなどできるわけがありません。

だからこそ、こうした梅屋庄吉の人生を、僕はぜひ若い世代に読んでもらいたいと思っています。

「人間はみな一緒だ」という彼のベースとなっている価値観は、グローバリゼーションの世の中になればなるほど、大切になってくるものです。

よく日本人は引っ込み思案で内にこもりがちだといわれますが、ほんの少し過去を遡れば全くそんなことはない。グローバリゼーションに日本人が慣れていなかったのは戦後から現在に至る一時期のことで、かつての日本には国境の枠に全くとらわれない豪快な生き方をする人がたくさんいたのです。

自由で伸び伸びと海外へ飛び出し、初めから広い世界を相手に生きようとする生き方

――そんな生き方がほんの一〇〇年前の日本には当たり前にあったかもしれないことを、梅屋庄吉の人生は教えてくれます。

現在の日本にも、奇しくも梅屋庄吉と同じ、一四歳でドイツとフランスに一人旅をしたヤマザキマリさんのような人がいます。ヤマザキさんには『国境のない生き方』という名著がありますが、明日の日本を担う若い皆さんには、ぜひとも広い世界に飛び出して行ってほしいと思います。

第二章

〝パリの蕩尽王〟薩摩治郎八

薩摩治郎八／さつま・じろはち

一九〇一年、綿織物で財を成して「木綿王」という異名を持つ薩摩治兵衛の孫として、東京・日本橋に生まれる。一九二〇年にイギリスに渡る。その後、フランスに移りパリの社交界で人気者となり、「バロン薩摩」と呼ばれる。モンパルナスを拠点に活動した藤田《ふじた》嗣治《つぐはる》、高野《たかの》三三男《みさお》、岡鹿之助《おかしかのすけ》などの画家や、藤原《ふじわら》義江《よしえ》、原《はら》智恵子《ちえこ》など音楽家をサポートした。一九二九年、二億円の私財を投じ、パリの大学都市に留学生会館「日本館」を建設。日仏の文化交流に尽力した功績で、フランス政府からレジオン・ドヌール勲章を受ける。第二次世界大戦後、無一文で帰国。随筆家に転身して『巴里・女・戦争』などの著書を残した。一九七六年、徳島で逝去。

戦後の治郎八・千代子夫妻

【評伝】八〇〇億円を散財して名を残した

一九二〇年代のフランス・パリで、現在の価値にして約八〇〇億円ともいわれるお金を使い、社交界で名を馳せた日本人がいた。

その男の名は薩摩治郎八。

東京の木綿問屋の三代目として生まれ、祖父の代から一族が築き上げたお金の全てを湯水のごとく浪費した彼は、「東洋のロックフェラー」「バロン薩摩」と呼ばれた人物である。

二〇世紀の始めの年、一九〇一年生まれの治郎八は、一九歳でイギリスのオックスフォード大学に留学した。その後、二二歳からパリで暮らし始め、現地の多くの芸術家と交流を持った。とりわけ藤田《ふじた》嗣治《つぐはる》を筆頭とした日本人画家のパトロンとして知られることになる。

「一九二〇年代のパリは日本人ラッシュで、その数は三〇〇〇人に上ったといわれています」

そう語るのは薩摩治郎八の評伝『蕩尽王、パリをゆく』の著者・鹿島茂さんだ。

ときは第一次世界大戦後のヨーロッパ、大英帝国やフランスの国力の衰えによって、フランの下落が起こった。一方、世界大戦による好景気に沸く日本では、数多くの成金が生まれていた。そこで、財閥の御曹司や華族、画家たちがこぞってパリを訪れ始めていたのである。

「かつての税率は農地を基準にしていたので、商工業分野の経営者のなかにはいまとは比べものにならない莫大な富を築いた人たちもいました。また一九三〇年代半ばの軍部の台頭までの日本には、ある意味で驚くほど自由な雰囲気があったんです」

そのなかでも薩摩治郎八は、フランスの社交界に入り込んでいった稀有《けう》な日本人であった。

「社交界は大金持ちと大貴族の閉じられた世界です」と鹿島さんは言う。

「単にお金があれば入れるというものではなく、そこには誰を入れて誰を排除するか、という見えざる文法がある。幸い治郎八は音楽マニアで、一時は画家を目指そうとしたように、芸術の世界に造詣が深かった。画家の藤田嗣治や知り合った音楽家たちの伝手《つて》を頼って、彼は文化経由で社交界に入っていくことができたのです」

鹿島さんは薩摩治郎八について、〈ただひたすら金を蕩尽したことによってのみ名を残すという「奇跡」を演じた男〉と同書で評している。

消費が自己表現

彼が当時ほかにも多くいた「金持ちの御曹司」や「成金」たちと一味違ったのは、自らが一切の創作活動や絵画などのコレクションを行うことなく、ただただ「お金を使うこと」によって自己表現をしたかに見えることだ、というのだ。

例えば、治郎八はパリの社交界にデビューするに当たって、華族の出身である妻・千代子を「プロデュース」していく。

「絵も音楽も中途半端で、創作的な才能が自分にないことを悟った彼は、消費そのものによって自己表現を始めたのでしょう。その最初の題材が奥さんでした。写真を見ると、もともとはおぼこい感じのぽっちゃりした人だった千代子さんを、無際限に金をかけて磨いています。クルマや服、宝石、社交界での振る舞い……。彼はジャポニズムと西洋をミックスして妻を演出し、高級紙の一面を飾るなど、モード界でのセレブに変えていきました」

治郎八はその傍らで、ナイトライフでも凄まじい散財を続けた。

「狂乱」という言葉で形容されるバブルの真っ只中であった一九二〇年代後半のパリ――。高級レストラン「マキシム」などに集う人々は多数のホステスを周囲に侍らせ、大量のチップをばら撒き、他の客とどれだけ派手にお金を使えるかを競い合った。

酒や美食、パーティのために治郎八は実家から資金を送らせ、祖父と父が蓄えてきた財産を湯水のごとく使った。「ムーラン・ルージュ」や「フォリ・ベルジェール」といったミュージックホールでは、無名有名にかかわらず踊り子とも付き合ったという。

そうして社交界で名を売った上で次に行ったのが、藤田嗣治に代表される日本人画家のパトロンになることだった。

藤田嗣治のパトロン

「パリでは家柄のない金持ちは、どこかでパトロナージュをやらないと箔がつかない。社交の場で散財するだけでは、最終的に周囲にバカにされるだけだからです。画家のパトロンになるというのは、まさしくそんな自己愛の証でしょう。日本人画家の展覧会を開いたり、多くの芸術を支援したりしていく彼のこの頃の蕩尽の日々を見ていると、消費によって自分の名を歴史に残そうという意志すら感じます」

治郎八がパリで豪遊の限りを尽くしたのは、一九二二年からの一〇年間である。そのなかで彼の蕩尽が頂点を極めたのは、一九二九年のパリ国際大学都市における「日本館」の建設だった。

関東大震災の影響で資金が調達できなかった日本政府の呼びかけに応じ、治郎八は総工費二億円（現在の価値で約四〇億円といわれる）を出して豪華絢爛な日本館を建造。各国の大使・公使一〇〇〇名を招待した開館式では、フランスの大統領と首相の前で演説をした。その夜の大晩餐会の豪奢《ごうしゃ》さで、彼は自身の「伝説」をさらに一つ増やした。

また、ここでもう一つ紹介しておきたいのが、評伝『「バロン・サツマ」と呼ばれた男　薩摩治郎八とその時代』の著者・村上紀史郎《むらかみきみお》氏が、同書の中で次のような興味深い指摘をしていることだ。パリで前述のような蕩尽を続ける薩摩治郎八の内面が、この日本館建設の後から変化していったのではないか、というのである。

村上氏がその変化のきっかけとして挙げるのが、薩摩治郎八が同時期に出会ったアンドレ・オノラという人物だ。

オノラはパリ国際大学都市の発案者で、若い頃はジャーナリストとして活躍、後に政治家となって大臣や議長を務めた。同書によると、彼は〈退職者、老人、失業者、結核患者〉など社会的弱者の人々への支援に力を入れ、自らは清貧の生活を貫いた、薩摩とは全くタイプの異なる人だった。

〈弱者への思いやり、国のために尽くした人々への感謝、国際交流を通じての平和の実現といったオノラの姿勢〉は、治郎八にヨーロッパ文化の持つ別の一面を伝え、大きな影響を与えたようだ。オノラとともに東南アジアを旅したこともある治郎八の蕩尽は、オノラの人柄に触れることで、より公的な意味合いを帯びていったかに見える——。治郎八の多様な人物像を伝える重要な指摘だろう。

さて、そのような治郎八の大散財が終わるのは一九三〇年代のことだった。使い続けたお金はついに底をつき、一時は巨万の富を築いた実家の商店は一九三五年に閉鎖に追い込まれる。

困窮しながらもパリで暮らし続けた治郎八が、無一文になって帰国したのは戦後の一九五一年のことだった。戦時下にもフランスに留まり、ナチス・ドイツからの解放の日のパリの光景をも目にした彼は、尊敬するオノラの死によって帰国を決意したという。

帰国後、治郎八は雑誌にパリでの生活を書くなどして生活の糧を得ながら、決して暗くない人生を送ったようである。彼はツール・ド・フランスを日本に紹介するなど、自身のパリでの経験を日仏の交流へとつなげることにも意欲的だったように見える。

後に浅草に住み着いた彼はストリップ小屋の常連となり、一九五六年に浅草座に出演していた真鍋利子と結婚。晩年は七四歳で亡くなるまで彼女の郷里である徳島で暮らした。彼が最後にパリを訪れたのは一九六九年、日本館の四〇年目の記念行事に参加するためだった。

そんな「蕩尽王」の生涯について鹿島さんはこう語る。

「潔く破産することの快楽を、治郎八は確かに感じていたのかもしれません。永井荷風のように浅草に住み着き、周囲の人たちに愛された彼の姿を想像すると、彼の人生は幸せなものだったのだと僕は思います」

【解説】お金は貯めるものではなく、使うものだ

薩摩治郎八の生き方を一言で表すとすれば、お金は貯めるものではなく使うものだ、という信念を死ぬまで貫いたことでしょう。

彼は一九二〇年代のパリで豪遊をしまくり、使った金額はいまの価値で総額八〇〇億円ともいわれているのですから、現代の感覚からするとちょっと想像を絶するものがあります。

評伝『蕩尽王、パリをゆく　薩摩治郎八伝』のなかで著者の鹿島茂さんは、薩摩治郎八をこう評しています。

〈今日の貨幣価値にして二百億円とも八百億円ともいわれるその財産のすべてを己の奉ずる「美学」に従ってパリで蕩尽することで、「消費」それ自体を「芸術」に変えてしまったという「消費芸術家」ということなら、それは、日本の歴史を広く見渡してみても、薩摩治郎八しかいない〉

日本ではともすれば、質素や倹約の精神といった「メザシの土光さん」的な価値観が尊

ばれることを考えると、その一事だけをとっても彼の存在には「明治期の日本人」のイメージを変える強いインパクトがあるのではないでしょうか。

ただ、スケールこそ全く異なりますが、僕にはそんな薩摩治郎八の生き方に対して、どこか共感を覚えるものがありました。

というのも、経営者としての僕は「数字、ファクト、ロジック」のみを重視する合理的なタイプですが、プライベートな面での信条は「悔いなし、貯金なし、遺産なし」というもの。だからこそ彼の豪放磊落《ごうほうらいらく》な放蕩の様子に、胸がすくような潔さ、魅力を感じてしまうのです。

僕は京都大学の学生だった頃、学生運動にはそれほど興味を持てなかったので、一日に一五時間くらい本を読んで過ごしていました。そして本を読むことに疲れると自転車に乗り、お寺に行って庭を見ながらぼうっと座っている——といった怠惰な生活を送っていました。

そんななかでも、美味しそうなご飯を出すお店を見つけたら、一食三〇〇〇円と書いてあってもふらりと入ってしまう癖がありました。市電が一五円、大学の授業料が月一〇〇〇円の時代ですから、そうするとお金があっという間になくなってしまう。

でも、学食の格安カレーやラーメンをひと月食べ続ければ、月に一度はそういうご飯を食べることができる。自分の人生はオールオアナッシングだと思い切り、必ず月々のお金を使い切る生活をしていたのです。

この癖は社会人になってからも直らず、こっそりとではありましたが、随分なお金の使い方をしたものです。

例えばロンドンに駐在中は、「ヨーロッパにある全ての三ツ星レストランに行ってやろう」と食べ歩きをしたり、有名ホテルを泊まり歩いたりもしました。代表的なホテルはその町の文化を象徴する場所だと思うからです。

だから、薩摩治郎八がロンドンに留学した際、初めて泊まったホテルが「ホテルコンノート」だったとあるのを読んで、僕は何だか我が意を得たような気持ちになりました。コンノートはとても好きなホテルで、僕もよく泊まっていたからです。

もちろん、こうした個人の趣味に対して会社から経費が出るはずもないので、全て自腹です。従ってサラリーマン時代は全く貯金が増えることなく、給与をもらう度に使い果たしていました（まあ、それはいまでもほとんど変わらないのですが）。

高級ホテルや食事にお金を使うのは、贅沢をすること自体が好きだったからではありません。最高とされるホテルに泊まると、その町の「ピンキリ」が分かることがとても面白かったからです。

例えば旅をしているとき、毎晩五万円や一〇万円の宿に泊まることはできません。でも、一日は奮発して高級ホテルに泊まり、翌日からは一泊三〇〇〇円の木賃宿に泊まってみる。そうすることで、いま自分が旅している町の「ピン」と「キリ」を体験すると、「物の価値」や「その町の価値観」というものがだんだんと分かるようになってきます。

僕は仕事やプライベートで世界中の国を訪れてきましたが、「なるほど、こういう贅沢も楽しいけれど、こちらの安宿もそれならではの面白味があるな」と自ら実感することで、その町の文化や価値観を学んでいったように感じています。

そして、薩摩治郎八の生涯にどこか共感に似た気持ちを抱いたのは、その生涯を俯瞰《ふかん》していくとき、彼ほどに人生をかけてこの「ピンキリ」を楽しむように生きた人はなかなかいないのではないか、と思ったからでした。

相続は金銭を浄化する

自分の給与を使い尽くしていただけの僕の体験はごく些細なものですが、薩摩治郎八がパリでの放蕩に費やした莫大なお金は、実家の商店が三代かけて築いた財産でした。彼も一度はタイで金鉱探しを試みるなど、少しは自分なりに働いてみようとした形跡はあるものの、向いていないと思ったのか結局すぐにやめています。

そのなかで、彼は実家からの送金を使い果たそうとするかのように散財を続け、最終的には全てを失ってしまいます。

鹿島茂さんがその生涯を世界史における日本の盛衰に重ね合わせ、〈治郎八がパリで自家の財産を蕩尽したのと並行するかたちで日本は国家単位で有形無形の遺産を食いつぶし、スッカラカンの無一文になって〉しまったと書くのは実に言い得て妙。治郎八の人生は好き勝手なように見えるが、同時期に日本という国も同じようなことを違う形でやっていたのではないか、というアナロジーは鹿島さんらしい読み解きだと思いました。

そんな彼の生涯を一通り見て僕の頭にまず浮かんだのは、トーマス・マンの『ブッデンブローク家の人びと』です。

この作品はドイツのブルジョア家庭の四代にわたる盛衰の歴史を描いた古典ですが、親から子供、子供から孫へと世代が移り変わるにつれて、次第に芸術や文化といったものが一家の中で商売よりも有意なものとなっていきます。

初代は商売を一所懸命やってお金持ちになる。二代目は芸術などの精神面の豊かさを重視するようになり、三代目になるとさらにその価値観が強まって商売の方が衰退していく――というわけです。

鹿島さんも評伝の中で〈フランスには「相続は金銭を浄化する」という、日本人にとっては理解しがたい「思想」がある〉と紹介しています。祖父や父の代にどれだけ汚い稼ぎ方をしても、相続によってそのお金の汚さが消えていく――〈なぜ、このような「思想」が社会に浸透したのかといえば、それは、自分が汗水たらしてつくりだしたのではない二代目、三代目の「金」は、これみよがしの成金的消費ではなく、文学・芸術などの文化的消費のほうに向けられるということが経験的にわかっているからだ〉といいます。

薩摩治郎八はまさに商店の三代目。初代の治兵衛は真面目な商売人。芸術方面に理解があった父親を経て、治郎八によってそれが大きく花開いたという経緯は、『ブッデンブローク家の人びと』そのままです。

先代と先々代の商売における努力は、まるで次の世代の治郎八が使い尽くすための努力であったかのようです。

治郎八は明治期に始まったばかりの堅苦しい教育システムに馴染めず、逃げ出したいと思っていたところに父親がオックスフォード大学への留学を提案する。それを渡りに船とばかりにロンドンへ渡り、パリに辿り着いて放蕩の限りを尽くし始める――。

社会の側からすればマーケットにお金が還元されて良かったという話にも見えますし、そのなかで「お金は使うためにある」という哲学が生まれたことは、何とも痛快な気がします。

当時、彼が訪れたパリでは、他にも多くの日本人が巨額のお金を使って遊んでいました。評伝に登場する人物をざっと挙げるだけでも、加賀藩主だった前田利為《としなり》侯爵、紀州徳川家の徳川頼倫《よりみち》侯爵、熊本藩主だった細川護立《もりたつ》侯爵、摂政・関白となる五摂家の一条家や伏見宮三親王など、伯爵・侯爵や貴族の名前が次々に登場します。そのなかで豪商の家の出身の薩摩治郎八は、すでにパリで放蕩生活を送っていた彼ら先達の様子を見て、自らもその仲間に入ろうとしたわけです。

しかし、それにしてもなぜ、一九二〇年代のパリではそのような日本人たちが、放蕩の限りを尽くすかのような酒とバラの日々を送ることができたのでしょうか。その問いは、同時期の「日本」が世界の中でどのような位置づけだったのかを理解する上でも、本書に登場する他の実業家たちを取り巻いた環境を知る上でも重要なものであるように思います。

その答えが村上紀史郎さんの書いた薩摩治郎八の評伝『「バロン・サツマ」と呼ばれた男薩摩治郎八とその時代』に詳しく解説されているので、ここで引用させてもらいましょう。

村上さんはその前提となる明治期の富豪の成り立ちについて、戊辰戦争、西南戦争、日清戦争、日露戦争という四つの戦争を背景として挙げています。

薩摩治郎八の祖父、治兵衛を援助した杉村甚兵衛は戊辰戦争時の変革期に商売を軌道に乗せ、同じ頃に安田善次郎が登場します。

次に西南戦争の時代には明治政府が海運、貿易、鉱業の殖産を進めたことで、政府と関係の近かった政商が追い風を受けます。三菱の岩崎彌太郎《いわさきやたろう》や本書にも登場する大倉喜八郎《おおくらきはちろう》などがその代表例です。

その次の日清戦争の頃には近代化と資本主義化が一気に進み、財閥が作られていきました。そして、最後の日露戦争で多くの百万長者が誕生した――というわけです。

そんななか、薩摩治郎八の祖父、治兵衛は〈東京の主要織物問屋九一店の推定売上高ランキングで、丸丁子屋薩摩治兵衛商店は明治三二年から約一〇年間トップを占め〉ていたそうです。こうして祖父が築き上げてきた事業の蓄えを、治郎八がパリで豪快に使い込んでいくのです。

しかし、元大名や貴族、豪商だからといって、無尽蔵にお金があるわけではありません。彼らがパリで凄まじい豪遊を繰り広げることができた背景には、やはり戦争がありました。第一次世界大戦後の好景気に加えて、円がフランに対して非常に強くなっていたのです。

〈大戦前の一三年には一円が二・五フランだったのが、二二年には一〇フラン、二六年には一二フランと跳ね上がった〉そうです。

〈このような〈円高〉によって生じた〈にわか成金〉の日本人たちがヨーロッパを闊歩した。二二年二月に創刊したばかりの『週刊朝日』は四月三十日号でドイツやフランスでの傍若無人な日本人の悪評記を掲載している。その一方、多くの画家や学者、文学者たちがフランスを訪れ、その異文化体験が彼らの作品や研究に豊かな稔りをもたらしたのも、この〈円高〉のおかげという見方もできるだろう〉と村上さんは指摘しています。

薩摩治郎八もこの時代の波に乗る形でパリの社交界にデビューし、藤田嗣治など日本人画家のパトロンとして活躍していくことになるのです。

日本とフランスの架け橋に

ただ、僕が彼の評伝を読んで理解したのは、彼が単なる「金持ちのボンボン」としてパリで単純に放蕩生活を送ったわけではない、ということでした。

確かに、ロンドンにやってきた初めの頃は、彼も社交界や芸術の世界に憧れる一人の若者に過ぎなかったように見えます。夜の社交界でお金をばら撒くように散財し、そこで出会った夫人たちと夜遊びをしていました。

『蕩尽王、パリをゆく』には様々なその実例が紹介されていますが、例えば芸術家たちとの夜遊びを描いたシーンはなかなかすごいものがあります。

薩摩治郎八がその集まりに行くと、女たちが全裸になって踊り狂っているなか、彼は局部に「バタフライ」を着けたある一人の伯爵夫人と踊り始めます。そのとき、彼女が治郎八の耳元で囁くのです。

〈これが文明というものなのよ。大自然だって人工が入らなけりゃ汚い姿でしょう。女の裸体だって同じことなのよ。これ一個の力であたしだけが成功したのよ。一輪の菫《すみれ》、リラの花の一片それだけでロマンティシズムが生れるものと同じこと。このキャシュ・セックス一片だけであたしの裸体は芸術化されたのよ〉

薩摩治郎八はこうしたパリの狂乱にたちまち魅了され、後に日本から連れてきた妻を「改造」してモード雑誌の表紙を飾らせたり、一台限定ものの車を特注で作って見せびらかしたりするようになりました。

しかし、僕にとって興味深かったのは、そんな彼がパリでの生活を続けてしばらく経つと、今度は「公」への意識を強く持つようになっていくように見える、という村上さんの指摘でした。

彼は藤田嗣治などの日本人芸術家を支援するだけではなく、パリに日本館をポケットマネーでつくった後、自ら日仏の架け橋になろうと数多くの活動を行っていくようになります。僕も知らなかったのですが、あの「ツール・ド・フランス」を日本に紹介したのも彼だそうです。

『「バロン・サツマ」と呼ばれた男』によれば、そのきっかけになったのは、アンドレ・オノラという人との出会いであったようです。最初はオックスフォードへの留学を機に日本を逃げ出し、お金があるのをいいことに遊んでいた彼が、オノラとの出会いによって公の意識に目覚めていった——と。

オノラはジャーナリスト出身の元政治家で、フランスの共和党議員として大臣や議長を務めた人です。彼は高齢者や貧困者への対策、結核患者といった弱者への援助などに力を尽くし、薩摩治郎八が日本館をつくったパリ国際大学都市の総裁を務めていました。

薩摩治郎八はこのオノラを尊敬し、そのことが彼のパリへの愛情をさらに深めることにつながったようです。そのなかで、お金を使って酒と女、芸術などで遊ぶばかりではなく、日本とフランスの架け橋になり、様々な人の助けになろうという社会性に目覚めていくのです。

オノラの影響の大きさは、第二次世界大戦中でさえも一人、決してパリを離れようとしなかった薩摩治郎八が、彼の死によって日本へ帰国していることからもよく分かります。その頃の薩摩治郎八はすでに実家の没落によってお金がなかったわけですが、それでも自分にできることがあるとパリに残っていたのも、オノラとの出会いがあったからなのです。

彼が清貧といってもいい生活をしていたオノラから学んだのは、いわゆる「ノブレス・オブリージュ」の考え方であったといえるでしょう。

ノブレス・オブリージュとは、高貴な人間には義務が伴う、という意味の言葉です。ヨーロッパにおけるこの考え方は、おそらくはローマ帝国における支配階級の哲学だった「ストア派」を背景にしたもので、リーダーは清貧であり、与えられた運命を受け入れて頑張らなければならない、という教義です。

これはローマ帝国以来、ずっとヨーロッパの規範であり続けた考え方で、オノラはまさにその伝統を受け継いだ人であるように見えます。

薩摩治郎八も彼との出会いによって、「バタフライもいいけれど、やはりパブリックに生きることこそが最高の文化への貢献だ」ということに目覚めたのではないでしょうか。

彼の生涯で凄味があるのは、前述のように他の日本人たちが戦争になるとパリを離れたのに対して、彼だけが戦争があろうとお金がなくなろうと、架け橋たらんとパリに留まり続けようとしたことです。実際に一度は帰国したものの、彼は戦時中のパリに舞い戻るのですから。

その背景にオノラからの影響があったことは明らかでしょう。さらに言えば薩摩治郎八は彼との出会いによって、初めてフランスを、そして、パリを愛したのかもしれません。

要するに、藤田嗣治のパトロンであったことなどは、薩摩治郎八の評価のほんの一部に過ぎない。むしろ彼の人生で注目すべきは、パリでお金にモノを言わせて生活をしていた豪商の三代目が、そのなかでパブリックに目覚めていったということ。オノラを通してその自らの役割を発見し、彼の「自分探し」がついに成就していく過程にあるのではないか、と僕は思うのです。

ちなみに薩摩治郎八の日本館の建設などは、日本においては金持ちの道楽と捉えられ、いろいろと悪口を言われたようです。しかし、フランスの方はちゃんと「お金の出どころ」を覚えていて、後に彼に対して勲章を授与している。このあたりは、フランスという国はきちんと「人」を見ていたのだな、と感心するところでもあります。

失うことに怯えない

薩摩治郎八は最終的にオノラの死後、実家の商売も没落していたため、ほぼ無一文になって日本に帰ってきます。僕が感動したのは、むしろその後の晩年の振る舞い方に、彼の人生観や生き方が凝縮されていることです。

彼は確かにお金を失いました。しかし、彼はそのことに落胆したり、暗くなったりはしていない。むしろ浅草のストリップ小屋に通い、そこの踊り子さんと再婚している。悲壮感というものが全くないどころか、踊り子さんの実家の徳島に一緒に帰ってつつましい生活を送る彼は、どこか幸せそうでもあります。そこに僕は彼の真骨頂がある気がしました。

冒頭で僕は彼の人生について、「お金は貯めるものではなく使うものだ、という信念を死ぬまで貫いた」と述べました。彼が全てを失ってもさばさばとしていたのもまた、その哲学が一貫していたからだといえるでしょう。

お金は使うためにあると思っている人は、使ってしまえばなくなってしまうことも同時に理解しています。お金そのものに執着がないので、なければ使わないだけ。全く平気でいられるのです。その意味で彼はお金を失うことに怯えない人生を送った。

彼の晩年は元踊り子のお針子さんに養ってもらったようなものですが、「自分はやりたいことをやりたいようにやってきたのだから、それでいいんだ」とさばさばとしていたのではないでしょうか。

こうした薩摩治郎八の生き方は、現代を生きる僕たちにも多くのことを教えてくれます。お金や肩書に執着する人は、それらがなくなることに怯えて生きることになります。そして、お金や地位がなくなれば不幸になってしまう。

例えば、自分の名刺に過去の「元〇〇社常務取締役」といった肩書を書いている人に、ときおり出会うことがあります。それはすごく悲しいことだと、僕は感じます。

あるいはお金持ちから貧乏になると、どうしても人間が卑しくなりがちです。ビジネスパーソンで出世街道を走っているときは威張っていた人が、左遷された途端に何故か卑屈になり、同窓会などにも来なくなることがあるのも、彼らが地位やお金に執着しているからです。

しかし、薩摩治郎八のように、自分は自分であるということにレゾンデートルを持っていれば、そのような人生には決してならない。バロン薩摩には「俺は俺だ」という気持ちがあるので、お金がなくなっても「それがどうした」と胸を張っていられるのです。

薩摩治郎八の一生涯は、社会的な地位やお金は人生にとって、決して本質的なものではないことを図らずも教えてくれます。そして、自分のやりたいことをやりたいようにやり、自らの信念と哲学に従って生きることがいかに素晴らしいことか――。

無一文になった彼が、それでも女性にモテて新しい伴侶を得たのは、そうした生き方をしている彼自身にどこか可愛らしい魅力があったからだと僕には思えます。

第三章

〝初もの喰い狂〟大倉喜八郎

大倉喜八郎／おおくら・きはちろう
一八三七年、現在の新潟県新発田《しばた》市に生まれる。一八五四年に江戸に出たあと、鉄砲店を開業。戊辰戦争では新政府軍に武器を売り、名を馳せた。その後、明治政府の御用商人として軍需品の調達、輸送を請け負ったり、大倉組商会を設立して鉄道敷設や建築物施工などの土木事業に従事したりして蓄財し、大倉財閥を築く。明治末期から中国大陸に積極的に進出して、炭鉱、鉄鉱山を経営して製鉄事業を興した。また東京電燈、大日本麦酒《ビール》、帝国ホテルなど数多くの会社設立に参画して役員に就任した。現在の東京経済大の前身である大倉商業学校や、日本初の私立美術館「大倉集古館」を創設した。一九二八年、九〇歳まで生きた。

【評伝】戦争をビジネスチャンスにした

新発田《しばた》駅までは新潟駅から白新線《はくしんせん》で三四分。駅前の新潟県立新発田病院の広場に一体の胸像が立つ。石碑には次のような銘文が記されていた。

〈大倉財閥の創設者大倉喜八郎は（略）誠実・堅忍不抜・洞察力を旨として事業に邁進し、渋沢栄一とともに近代日本を代表する大実業家の一人となった〉

戦後、GHQの指令で大倉財閥は解体されてしまったが、明治、大正、昭和の三つの時代を通し、大倉喜八郎は日本の経済界を牽引した大実業家だった。いまも彼が設立にたずさわった企業がいくつも残っている。大成建設、ホテルオークラ、帝国ホテル、MS&ADインシュアランス（千代田火災海上）、日清製油（現オイリオグループ）、サッポロビール、リーガルコーポレーション……と数えていくと切りがない。東京ガスや東京電力などの発起人としても名を連ねる。また喜八郎は現在の新発田病院の敷地で大倉製糸新発田工場も操業していた。丸顔にカールした前髪がどこか憎めない印象を与える喜八郎の胸像は、そのふるさとへの貢献を称えたものだった。

「曾祖父は喜八郎で、祖父が喜七郎、父が喜六郎だから、本来私は喜五郎だったかもしれません」と笑うのは、喜八郎の曾孫の大倉喜彦《よしひこ》さんである。彼が社長を務める中央建物株式会社のルーツは喜八郎が創業した大倉組商会。東京都銀座にある中央建物の会議室で、喜彦さんは「曾祖父の人生を振り返ったとき、最大の転機となるのは新発田から江戸に出府したことでしょうね」と続ける。

一八三七年、喜八郎は名字帯刀を許された新発田の大庄屋の三男として生まれた。彼が出府を決意したきっかけがある。

ある雨の日、友だちの父親が道ばたで侍と行き会った。彼はその場で土下座したが、足駄を履いたままだったのを侍に咎《とが》められ、閉門謹慎を命じられる。喜八郎は当時の心境を自伝『致富《ちふ》の鍵』でこのように語っている。

〈侍が何だ。泥の上に平伏したらそれで沢山ではないか。（略）しかし町人が侍に土下座しなければならないということは昔からの定まりだから致し方ない。一体こんな所にいさえしなければよいのだ。こんな国にいるのが間違ってるのだ〉

一七歳の喜八郎が郷関を出たのは一八五四年冬。麻布の鰹節屋で働き始めた喜八郎は、三年後に独立して「大倉屋」という乾物屋を開店する。

喜八郎は幕末の激動をビジネスチャンスと捉えた。独立の二年後に横浜、函館、長崎が開港し、諸外国との貿易がスタートする。同時に開国富国強兵を進める徳川幕府と尊王攘夷を目指す勢力との争いが激しくなっていった。そんなある日、横浜で黒船を見た喜八郎は思う。これからは戦争になる。武器が売れるに違いないと。

喜八郎はあっさりと大倉屋を畳んで、東京の和泉橋《いずみばし》通りに「大倉屋鉄砲店」を開く。その移り身の早さを喜彦さんはこう説明する。

「曾祖父が身軽に商売を代えられたのは鰹節屋が代々続けた家業ではなかったからだと思います。しかも従来のマーケットは三井や鴻池《こうのいけ》など財閥のオールドマネーに押さえられている。曾祖父は誰もやっていないフロンティアを切り開くしかなかった。現代のベンチャー起業家のような側面があったのです」

死の商人と呼ばれる

喜八郎が睨んだ通り一八六八年に戊辰戦争が勃発。武器の需要が一気に高まった。大倉屋鉄砲店にも鉄砲の注文が相次いだ。

そんなさなか喜八郎が鉄砲商として名を売る事件が起きる。

幕臣たちが彰義隊《しょうぎたい》を結成し、新政府軍の江戸侵攻に備えて上野の寛永寺に立て籠っていた。喜八郎は、彰義隊士に「新政府軍だけに武器を売り、便宜を図るのはけしからん」と難癖をつけられ、本陣に連行される。殺気立つ侍たちを前に、喜八郎はこう反論した。

「彰義隊にも鉄砲を売ったが、代金を払ってくれなかった。商品を買って現金を払うのがお客様。金を払わないのはお客様ではない。だから彰義隊には『ない』と断ったのだ」

「なぜ世話になった徳川将軍家ではなく、新政府に味方するのか」という問いにも「自分は越後の出身で、将軍家にお世話になったことはない。江戸に住んでいた人と一緒にされても困る」と一歩も引かなかった。その気迫に圧されたのか。隊士たちも手が出せず、最後は駕籠屋《かごや》まで見送ったという。のちにこの場面は芝居などで演じられて人気を博す。

喜八郎の面白さはこうした劇画的なエピソードだ。それは、自ら船に乗り込み幕府軍の目をかいくぐって新政府側の津軽藩に銃を届けた逸話や、朝鮮半島に置き去りにされた際に釜山《プサン》から博多までオンボロのイカ釣り船で嵐の玄界灘を航海した話に代表される。

「鉄砲商から身を立てたせいで曾祖父は、死の商人と呼ばれますが、冒険商人という表現の方が近い気がします。新興の成り上がりだった曾祖父は誰もやらないリスクをとり、命がけでハイリターンを狙っていった。何よりもビジネスが楽しかったんでしょうね」

死の商人——。戦争のたび事業を拡大させた喜八郎に付けられた異名である。実際、戊辰戦争中には新政府軍の兵器や食糧を調達する明治新政府の御用達を命じられ、西南戦争、日清戦争、日露戦争でも軍の御用商人となる。

東北や北海道の開拓

とはいえ、喜八郎は武器と戦争に固執したわけではない。戊辰戦争が終わると、新たな事業に乗り出した。洋服の裁縫店や貿易会社をオープンさせたかと思うと、日本で初めての鉄道工事にも参加している。

そして自費で海外周遊の旅に出る。商人としては日本初の海外視察だったという。アメリカで生糸やお茶の需要を調査し、大英帝国では重工業について調べた。そこで条約改正の予備交渉で渡英中の岩倉使節団と偶然出会い、木戸孝允や大久保利通、伊藤博文らの知己を得る。この出会いが軍の御用達の立場を確固たるものにしたのである。その後、フランス、イタリアへも足を延ばした喜八郎は、再びアメリカに戻り、大陸を横断。帰国したのは一八七三年夏のことだった。

三六歳の喜八郎は視察した欧米の企業を参考にして、今日の総合商社に相当する「大倉組商会」を設立した。明治時代の大倉組商会の仕事について、喜彦さんは解説する。

「明治期の大きな仕事は土木建設関係です。曾祖父は旧来の企業や実業家の影響力が強かった東京だけではなく、地方にも目を向けた。新発田出身の曾祖父は、東京に思い入れが少ない異邦人的な側面があった。だから東北や北海道の開拓に力を入れたのです」

一八七八年、喜八郎は海外視察で親交を持った大久保利通の依頼で、宮城県の宮城《みやぎ》集治監《しゅうじかん》（刑務所）建設に取りかかる。翌年、次は伊藤博文の頼みで、北海道の樺戸《かばと》集治監の建設にも着手した。また約二〇〇〇人に上った樺戸集治監の囚人や、看守とその家族の食料品や日用品を調達する「石狩川の舟運会社」も設立し、大きな利益をあげた。

同時期、井上馨からの要請で明治時代を象徴する鹿鳴館の建設にたずさわる。その後も井上とのつながりで、帝国ホテルと帝国劇場を建てている。元勲と呼ばれた政治家たちとの親密ぶりは、まさに〝政商〟と呼ぶにふさわしい。

「大倉組が北海道で行った最大の事業が旭川に第七師団を作ったこと」と喜彦さんは強調する。

日清戦争後、ロシア軍の侵入に備えて旭川に第七師団が新設された。一八九九年当時、人口わずか三六〇〇人の旭川で、大規模な開発が始まった。請け負ったのは大成建設の前身である大倉土木組。工事の敷地総面積は三三〇ヘクタールというから東京ドーム七〇個分の広さである。砂川幸雄著『大倉喜八郎の豪快なる生涯』には〈一日の動員労務者数は最高で六千人を数え、全工期での延べ動員数は二百数十万人に達した。（略）軍関係の工事としては群を抜く規模だった〉とある。工事総額は五六〇万円といわれている。北海道第二の都市となる旭川を大倉組が丸ごとつくったといっても過言ではないのだ。喜彦さんは言う。

「曾祖父にとって北海道というフロンティアの延長線上に朝鮮半島、そして満洲があったのです」

大倉土木組は日清戦争後に日本領事館を改築し、京城（現在のソウル）と仁川《インチョン》を結ぶ鉄道の敷設を手がけた。また喜八郎は自ら中国大陸に渡り、社員たちに資源調査をさせた。日露戦争後には次々に日中合弁会社を立ち上げ、鉱山や炭鉱の開発に乗り出す。なかでも本渓湖《ほんけいこ》製鉄所は日本の植民地につくられた初めての製鉄所で、現在も操業を続けている。

自動車輸入や海外支店設立も喜八郎が行った日本で初めての事業である。人は、日本初の事業をどんどん実践する喜八郎を「初もの喰い狂」と呼んだ。

「初もの喰い」は、文化事業にも発揮された。喜八郎は赤坂の自宅に敷地一二〇坪、三階建ての美術館を併設する。奈良時代の仏像や陶磁器、豊臣秀吉が建てた聚楽第《じゅらくてい》の遺物などを展示し、明治末期には「東京新名所」と呼ばれたほどだった。これが日本初の私立美術館「大倉集古館」となる。

悪名を気にしない

「死の商人」に「初もの喰い狂」。成り上がり者に対する世間のやっかみ、嫉妬が伝わる異名である。当時の評判を象徴するのが、日清戦争時の「石ころ缶詰事件」だ。大倉組が戦地に送った缶詰に石ころが入っていたとウワサが立ち、喜八郎への非難が殺到した。完全な濡れ衣だったのだが、彼は一切弁解しなかった。

「そんなコストのかかることをわざわざする意味がありませんよ」と喜彦さんは苦笑いする。

「曾祖父は悪名を気にしなかった。それは自分は悪いことをしていないという自負があったから。それに金に執着した人ではなかった。『金は子孫に残さない。仕事さえあればいいじゃないか』と話していたそうです。実際、慈善事業にも力を入れていました」

とくに一九一一年に設立された恩賜財団済生会には、一〇〇万円を寄付している。また病院や医学校、福祉施設などを運営する東京慈恵会や、東京都健康長寿医療センターの前身である東京養育院なども長年支援した。喜八郎も次のように書き残している。

〈世間から何といわれても自分の思うところは一歩も枉《ま》げない、知己は百年の後に一人得れば好い〉(『致富の鍵』)

一〇〇年後の知己——その言葉を体現するのが教育事業だろう。明治期、喜八郎は日本の経済界に危機感を抱いていた。このままでは日本の経済は外国人に独占されるかもしれない。これからの経済人は専門的に学ばなければならない、と。

一九〇〇年の大倉商業学校設立により、喜八郎の思いは結実する。大倉商学校は現在の東京経済大学の前身である。その前後に創設した大阪大倉商業学校と韓国ソウルの善隣商業高等学校も、関西大倉高等学校と善隣インターネット高等学校と名を変えて、一〇〇年以上経ったいまも、喜八郎の思いを受け継いでいる。

【解説】なぜ大倉財閥は三菱・三井財閥のように残らなかったのか

いまの若い世代の人たちにとって、「大倉喜八郎」という名前はそれほど馴染み深いものではないかもしれません。しかし、「ホテルオークラ」と聞けば誰もが知っていますし、スキーの大倉ジャンプ競技場も同じく彼の息子の喜七郎がつくったものです。

大倉喜八郎が設立にかかわった企業は、帝国ホテル、大成建設、現在のMS&ADインシュアランスの千代田火災海上、サッポロビールなど、数え出したらきりがありません。鹿鳴館や帝国劇場も彼がつくったもので、こうしてあらためて見直すと近代の日本に彼がいかに多くの足跡を残したかが分かります。

この時代に何百という企業を設立した人物といえば、日本の資本主義の礎を築いたといわれる渋沢栄一の名前がまず挙がります。

渋沢と大倉喜八郎はときにビジネスパートナーでしたし、安田財閥の安田善次郎や大久保利通、井上馨といった大物政治家などとのネットワークの中で、彼もまた様々な事業にかかわっていたのです。

大倉喜八郎の生涯を詳しく知るうちに、僕は明治・大正期の政治・経済は、ある種の限られた人たちのネットワークによって回されていたのだと、あらためて実感しました。日本に資本主義が根付いていこうとするこの時代は、どんなビジネスにも同じような名前が登場します。

当時の総理大臣や大臣の名簿を見ると全体で十数人ほどの薩長閥の人材が、入れ代わり立ち代わり要職に就いていますが、大倉喜八郎の生涯にも節目節目で安田善次郎や三井財閥の大番頭だった益田孝《ますだたかし》、渋沢栄一や大久保利通などの名前がちらついています。明治期の豪商は政治家をはじめとする有力な一部の人間とコネクションを持っており、お互いに助け合いながら資金を回転させていたのでしょう。

その有り様は少数の人々が権力の大部分を受け持つ寡頭制のようでもあり、政権と密接な関係を持った商人が莫大なお金を稼いでいくプロセスでもありました。そんななかで実業家の多くは、「何にでも出資をして絡もう」という姿勢で様々な事業に首を突っ込んでいきました。大倉喜八郎もそのネットワークの中にいる一人であったわけです。

誰よりも早くリスクを取る

それにしても、僕にとってちょっと不思議だったのは、これほど多くの企業の設立にかかわりながら、彼の名前が渋沢家や三井、住友、三菱といった財閥を築いた人たちに比べると、あまり知られていない印象があることでした。

ホテルオークラの建物の前には、「財団法人大倉集古館」という美術館があります。現在は改修工事で休館していますが、それは大倉喜八郎が生前に集めた古美術品などを展示している施設です。

そうした施設や名前を冠した有名企業が残っているにもかかわらず、それらがいまひとつ「大倉喜八郎」という名前と結びついて認識されていないのは、何とも不思議な気がするのです。今回、『大倉喜八郎の豪快なる生涯』を読んでみて思ったのは、その理由は彼が「組織」を作るタイプの実業家ではなかったからではないか、ということでした。

例えば、三菱は当時から会社組織をしっかりと作り、創業の物語もその組織が記録・保存しながら後世に残してきました。

ところが、大倉喜八郎は、良くも悪くも一匹狼。自らの商売とチャンスを逃さないセンスによって、商機をものにしてきた人物に見えます。

それはまるで賭け金を釣り上げながらの博打のようでもあり、自らの事業を大きくするためなら、全てを失うリスクをも取ろうとする度胸に凄味を感じました。ときにはピストルを人に突き付けてまで前に進もうとし、命がけの賭けに出る。それに付き合わされる側は大変ですが、なかなか真似のできるものではありません。

世の中には今も昔もワンマン企業がありますが、トップの才能と直観によって商機をつかんでいくスタイルには良い面と悪い面があります。

大倉喜八郎の生きた時代は、明治維新、台湾出兵、日清戦争、日露戦争、第一次世界大戦、そして、第二次世界大戦と戦争が続いていきます。そのなかで鉄砲に目をつけた彼は政治家とのパイプとネットワークを十二分に活用しながら、誰よりも早くリスクを取ろうとしてきたようです。

彼の事業が飛躍を遂げるのは戦争の前後であり、日本という国がそれによって大きくなろうとするとき、抜群のセンスでその波に飛び乗っている。

例えば株の投機にも当てはまりますが、短期的に儲ける人は「上がりそうだ」と感じたときにはすでに飛び乗っており、「ちょっとおかしいな」と感じたらすぐに飛び降りるセンスを持っています。

相場が動くときに最も儲かるのは、いちばん初めに波に飛び乗った人です。「もう一日だけ様子を見よう」とする人は、買いでも売りでも短期的にはなかなか儲かりません。

大倉喜八郎はこの「飛び乗り」「飛び降り」の天才だった。最初にリスクを取って飛び込む、そのような能力の高さが彼に大きな成功をもたらし、また同時に、時代の落ち込みとともに大倉財閥に大きな傷を負わせた、といえるのではないでしょうか。

戦争によって大儲けしようとした大倉喜八郎は、明治維新では官軍の勝利に乗じ、台湾出兵、日清・日露戦争を経て満洲事変までは勝ち続けます。しかし、最終的には第二次世界大戦での日本の敗戦によって、これまでつぎ込んできたものを全て失った。どんどん手元に貯まっていくチップを全部賭け続けて、ゼロになってしまったかのような彼の生涯は、いわば明治憲法下における大日本帝国の盛衰と興亡を体現しているように、僕の目には映りました。

と思ったのです。

そして、それが可能だったのは、まさしく大倉喜八郎が「組織」を作らなかったからだ

一〇〇点を目指すワンマン

これは想像ですが、おそらく「組織」がすでにでき上がっていた三菱や三井といった財閥は、日本が戦争を始めた際に、リスクとリターンについての議論に相当の時間を費やしていたと思います。

大きな組織では何か重要な決定を下すとき、様々な立場の役職者から裁可を受けるのを待ったり、役員会にかけたりと時間がかかります。社長が「やりたい」と言っても、役員会から「ちょっと待ってください」と言われたら動けないのが、企業組織というものです。

一方でオーナー社長の会社では、そのようなまどろっこしいやり取りはありません。社長が直観でゴーサインを出せば、ビジネスが即刻、動き始めます。だから、ベンチャー企業を興そうとする起業家が資金を獲得しようとするときも、オーナー社長の一言で出資が決まるところに頼んだ方が早い。

ワンマン経営者は、能力が高ければソニーやホンダ、松下の創業期のように「一〇〇点」以上のパフォーマンスを発揮します。しかし、そのような有能なカリスマが二代、三代と続いていくことは滅多にないので、天才的な経営者が設立した企業も継続していくためには、いつかは集団指導体制を敷くしかなくなります。そうしなければ、いつかは無能なワンマン社長が登場し、築き上げてきたものを全て無に帰してしまう恐れがあるからです。

集団指導体制のもとではなかなか「一〇〇点」はとれませんが、一方、トップがたとえ無能であっても「0点」はとらずにすみます。要するに組織を作り、ルールや合理的なマネジメントの仕組みを構築することによって、誰が経営をしても企業やグループが存続できるようにする。「一〇〇点」を諦めることによって、「八〇点から六〇点」で着実に成長していこうとする考え方が、組織を作ることの一つの本質です。

その意味で大倉喜八郎は、「一〇〇点」を目指す典型的なカリスマでした。彼がいかにワンマン社長であったかは、『大倉喜八郎の豪快なる生涯』の冒頭のシーンからすでに窺い知ることができます。

同書によると、一九二六年八月に彼は長野静岡県境の赤石岳《あかいしだけ》に登ったそうです。このときの年齢は数えで九〇歳。といっても、それは老体に鞭打って登ったのではなく、知れば知るほど度肝を抜かれる「登山」でした。

何でもこのとき大倉喜八郎に同行したのは、秘書や関係会社の重役に加えて、〈理学士、二人の医師、マッサージ師、ガイドのほか、食糧班、通信班、活動写真班など百余名。まことに大げさな登山隊だった〉と著者の砂川さんは書いています。

要するに大倉喜八郎は駕籠に乗り、従業員が人力車を務めて彼は登山したのです。彼はスタッフに団扇《うちわ》で扇がれながら移動し、〈この登山のために、小屋や吊橋が補強され、あるいは新たに建造され、この大部隊が泊まるバラックまで三軒建てられた。そのための先発隊や、風呂桶から入浴用の水（一斗樽四十個分）、食糧などを運び上げる人夫をふくめ、全部で五百人は動員されたとされ、彼らが往復に履く草鞋《わらじ》だけでも七千足用意されたと伝えられる〉そうです。

登山口から二日かけて頂上に近づくと、大倉喜八郎は駕籠を降ります。そこからはいよいよ歩くのかと思いきや、今度は〈山男に背負われて雪渓を踏破〉して山頂に着く。

〈浴後、羽織、裃《かみしも》、白足袋に着がえた大倉は、全員を集めて、「両陛下、摂政宮殿下の万歳を三唱し、国旗を掲げた」。それとともに、数百発の花火が揚がって南アルプスの連山にこだました。山頂には「大正十五年八月七日、赤石岳絶頂を極む。九十翁大倉鶴彦」と書いた立札が立てられた〉

喜八郎翁の得意な顔が、目に浮かぶような描写です。

しかも、この山行には映画班が同行しており、彼の「雄姿」の一部始終を撮影していたそうです。ちなみに「鶴彦」は、趣味というにはあまりに多くの狂歌を読んだ彼の雅号。「赤石の山のうてなに万歳を唱ふる老《おい》も有難の世や」というのがその際に作った歌であるとのことです。

さて、この登山のエピソードを読んだとき、僕はその自己意識の強さにちょっと呆れてしまいました。

同じ財閥でも三菱や三井、住友などの当主が駕籠に乗って登山をしようとしたら、それが実行される前に側近の誰かが止めたに違いありません。

しかし、大倉喜八郎は平気でこうした登山を発案し、恥じることなく堂々と実行している。何しろ撮影隊まで連れて、この金に物を言わせた登山を世の中に伝えようとしているのです。

創業と守成

彼は息子の喜七郎に事業を継がせていましたが、中国大陸に作った会社の経営には最後まで強くかかわっていたそうです。まさしく大倉財閥は大倉喜八郎あってのものであったことが伝わってきます。

彼は確かに実業の天才でした。しかし、それは一方で彼一代限りのカリスマ的な商才であったため、彼がいなくなればその絶大な影響下にあったものも雲散霧消していく。大倉喜八郎が実業家としてやったことは安田善次郎や三井家、岩崎家（三菱）と大して変わらないのに、彼の名前が近現代史においていまいち希薄な印象があるのは、彼が結局は一匹狼的経営を貫き、それらしい組織を作らなかったからだと思うのです。

付け加えれば、大倉財閥が他の財閥と一つ異なっている点として、銀行を持とうとしなかったことも彼の性格を表している気がします。個人の質屋ならともかく、金融業をしっかりと行うにはやはり組織や仕組みが必要だからです。

「この人には一〇パーセントで貸す」「ここはヤバそうだけれど五〇パーセントの利子でも返ってきそうだ」と直観でやっていたら、金融業は遅かれ早かれ破綻します。そのように組織経営が必要な金融にあまり手を出そうとしなかったのは、やはり彼が徹底した実業の人であった表れでしょう。

こうした大倉喜八郎の事業家としての生き方を見て、僕は『貞観政要《じょうがんせいよう》』における「創《そう》業《ぎょう》と守成《しゅせい》」という言葉をあらためて思い起こしました。

『貞観政要』は唐の第二代皇帝だった太宗《たいそう》・李世民《りせいみん》の言行録です。太宗と臣下が交わした問答などをまとめた全一〇巻四〇篇からなるもので、「貞観」とは当時の年号のこと、「政要」は文字通り「政治の要諦」の意。つまり、貞観時代の名君が残したリーダー論の古典ともいうべき書物です。

「創業と守成」という言葉はこの『貞観政要』のなかに記された最も有名な言葉の一つで、太宗と臣下の魏徴《ぎちょう》と房玄齢《ぼうげんれい》による次のようなやり取りが由来となっています。

あるとき、太宗が侍臣たちにこう聞きます。

「帝王の事業の中で、創業と守成、どちらが困難であろうか」

この問いに対して房玄齢は答えました。

「国家創業の当時は、群雄が先を争って割拠しています。それらの強敵を打ち破って降伏させてからでないと、国を平定することはできません。こういう命がけの困難があることを考えると、創業が困難だと思います」

一方で魏徴は言います。

「帝王の地位を得てしまったあとは、何事も自分の思い通りになるため、安楽な気分になって国を衰えさせる者ばかりです。だから守成の方が難しいと思います」

こうした二人の意見を聞いた上で太宗は自分の考えを述べます。

「房玄齢は、私とともに天下を平定したとき、艱難辛苦を経験した。死ぬかもしれないという危機を乗り越え、かろうじて助かった経験もした。房玄齢は、創業の困難を実際に知っているから、創業の方が難しいと考えたのだろう」

「魏徴は、私とともに天下を安定させ、驕りの心が世の中を危険にさらすことを心配している。だから魏徴は、守成の難しさを深く理解しているわけだ」

だが、創業の困難はすでに過去のこととなったいま、これからは守成についてみんなで考えていこう、と太宗は続けました（巻第一　君道第一　第三章　以上、拙著『座右の書「貞観政要」』より）。

太宗はこの問答のなかで、創業と守成のどちらが難しいか、という問いには答えを出していません。どちらも同じように難しいけれど、自分たちにとって創業の時期はすでに終わっているので、今後は守成をしっかりやっていこうと言っているわけです。

そもそも創業と守成とでは求められる能力そのものが異なります。創業には短距離を一気に走る瞬発力が求められ、守成には長距離をしっかりと走り切る持久力が求められるからです。

日々、無数の企業が作られているにもかかわらず、その多くが長く続くことなく消えていくのは、短距離から長距離へのそのような切り替えこそが、最も難しい事業であるからでしょう。

大倉喜八郎は明らかに前者に特化したタイプで、創業には驚くような能力とエネルギーを発揮しましたが、守成の方にはあまり関心がなかった。

途中で門野重九郎《かどのちょうきゅうろう》という大学出の側近も出てきますが、あまり言うことを聞いてもらっているようには見えません。もし大倉喜八郎が門野のような人をもっと重用する発想を持っていたら、リスク管理などの組織作りと商売とが両輪となり、大倉財閥はまた異なる歴史を持ったかもしれません。

しかし、大倉喜八郎は「そんなことを考えている暇があったら、ものを売りに行ってこい」という感じで、天才的なひらめきを重視してチャンスをものにし、戦争とともに大きくなりながら日本国家の盛衰と軌を一にしていった。それに、彼が周囲の穏やかな意見に耳を傾けるような人であれば、数えで九〇歳になった記念に駕籠に乗って登山をしたりはしなかったでしょう。

生きるか死ぬか

そのような結果に対して、彼がどのように感じていたかは分かりません。ただ、評伝を読む限りでは、大倉喜八郎は非常に満ち足りた経営者としての人生を歩んだ、といえるのではないかと僕は感じました。

彼の人生哲学がどのようなものであったのかは定かではありませんが、船の上でピストルで船員を脅してまで商機に貪欲であろうとする様子を見ると、やはり「生きるか死ぬか」の賭けに出るのが彼は大好きだった。一生を通じて「商人として舐められてたまるか」という自己意識に突き動かされながら、明治から昭和にかけての戦争の時代の大波に乗ろうとしていく命知らずの彼の大胆さには、好き嫌いは別として学ぶ点が多いと思います。

そして、たとえ自分一代で事業が滅ぶようなことがあったとしても、彼自身がそれでいいと思って生き抜いたのであれば、それは最高の人生だったといえるでしょう。

例えば、アメリカの株価指数である「ダウ工業株30種平均」の採用銘柄の中で、一〇〇年前と同じ名前で残っているのはゼネラル・エレクトリック一社だけです。

人間の一生と同じように、企業にも旬の時期があれば、少年期や青年期、老年期がある。人間が作るものは、やはり人間に似ているのです。その視点から見れば、企業とは数十年のあいだ継続できれば十分だという考え方もできる。

官僚的な能力に長けた人材を集め、周囲の意見に耳を慎重に傾けながら、企業組織をしっかりと管理していく仕組みとチームを作る。そうすれば大倉家も三井や三菱のようになったかもしれません。しかし、それでは何事にも「いちばん乗り」する高揚を得ることはできませんし、大倉喜八郎はそれをつまらないと感じる人であったと思うのです。

その意味で九〇歳になって駕籠に乗って赤石岳に登る姿を見ると、とても幸福な人生を送った人だったのではないかと僕には思えるのです。

第四章

〝吉野の山林王〟土倉庄三郎

土倉庄三郎／どぐら・しょうざぶろう

一八四〇年、現在の奈良県川《かわ》上《かみ》村《むら》大《おお》滝《たき》生まれ。一五歳で父に代わり家業に従事。その後、伐採した木材の運搬を監督する吉野郷材《ざい》木《もく》方《かた》大総代を務めて、吉野川の改修や東熊野街道の開設など木材の流通経路を整備し、各地で植林を指導した。奈良公園や台湾、伊香保などでも植林を行って『吉野林業全書』を監修した。「全財産を三つに分けて、国のため、教育のため、そして、家業のために使う」と語り、自由民権運動を後援。板垣退助の洋行費用を出し「日本立憲政党新聞」にも多額の私財を投じた。また同志社大、日本女子大創設時にも多額の寄付をした。晩年、山県有朋から「樹喜王」の称号を贈られる。一九一七年に亡くなるまで林業家としての本分を忘れなかった。

【評伝】吉野杉を財として近代日本のパトロンとなった

吉野川に沿うつづら折りの山道を走り、トンネルを抜けると切り立った崖に突き当たった。高さ三〇メートルはあるだろう。奈良県川上村大滝《かわかみむらおおたき》の入り口にそそり立つ鎧掛岩《よろいがけいわ》と呼ばれる断崖である。岸壁には文字が刻まれていた。

〈土倉翁造林頌徳記念〉

山林王と呼ばれた土倉庄三郎の功績を称えた磨崖碑である。川上村は古くから吉野林業の中心地で、最高級の建築材として知られる吉野杉の主産地である。土倉家は代々吉野山の大山主だった。

「庄三郎は、林業で蓄えた莫大な財力を政治や教育に投資して社会を動かした近代日本のパトロンといえる存在だったんです」

庄三郎の評伝『樹喜王　土倉庄三郎』の著者で森林ジャーナリストの田中淳夫《たなかあつお》さんは、かつて土倉家の屋敷が立っていた場所の展望台に立ち、吉野川の流れを指さした。

「そこの岩に白い筋のような部分が見えるでしょう」

指先には隆起した河床が見えている。確かに一部が人工的に削られているのが分かった。かつて上流の林野で伐採した木材は川を利用して運搬された。明治期までは丸太を一本ずつ順番に流していた。だが、効率が悪い。そこで庄三郎は川幅を広げ、邪魔になる岩を砕く工事を始めた。材木を組んで筏を作り、一度に大量に流すための整備を行ったのである。田中さんは続ける。

「林業で伐採以上に重要なのが木材の搬出です。いくら材質がいい木材を伐採できても、需要がある町まで運ばなければ価値は出ない。そのことの重要性を熟知していた庄三郎は、吉野のスギやヒノキを東京や日本全国に流通させる仕組みを作った。こうして吉野杉の名が全国に知れ渡った。彼は吉野林業、中興の祖と称される人物なのです」

一八四〇年、庄三郎は大和国奈良郡大滝村と呼ばれた現在の川上村大滝に生まれた。大山主の長男である庄三郎は、幼い頃から山仕事を一から叩き込まれた。一五歳で家業を継ぐと、大滝村の材木方《ざいもくかた》総代を務める。

一八七〇年からスタートした水路の掘削は二年間で約三二キロに及んだ。また庄三郎は橇《そり》に木材を積んで人力で引っ張る木馬《きんま》という道具も導入。それまで丸太は人力で担ぐしかなかったが、ひとりで一トン近く運搬できるようになり、搬出量を飛躍的に増加させた。また現在の奈良県五條市から川上村を抜け、上北山村《かみきたやまむら》に至る東熊野街道の整備にも自腹を切った。その額は土倉家の全財産の三分の一に上ったという。

庄三郎の事業は、時代のニーズに合致した。明治に入ると建築ブームが起こり、木材の値段が跳ね上がった。搬出ルートの確立は、それまで流通していなかった吉野山の木材の価値を一気に引き上げた。販路が東京にまで伸び、やがて日本全国に広がったのである。

元勲がこぞって土倉詣で

吉野町と川上村を隔てる急峻な山道を五社峠と呼ぶ。近代国家の礎を築き、元勲と呼ばれた人物たちが五社峠を越えて庄三郎に面会を求めた。板垣退助、後藤象二郎、山県有朋、井上馨、伊藤博文、大隈重信、松方正義……。

元勲たちが山深い村落へ詣でる目的は庄三郎の財力だった。土倉家が所有した吉野の山林は最盛期で九〇〇〇ヘクタール。日本だけではなく、台湾で植林した山も加えるとその広さは二万三〇〇〇ヘクタールに及んだ。現在の大阪市がすっぽり収まるほどの広大な面積である。吉野山の木々が生み出した土倉家の財力は、三井財閥に匹敵したという。

庄三郎は次のような言葉を残して実践した。

「全財産を三つに分けて、国のため、教育のため、そして、家業のために使う」

国のため、教育のために、という考え方は封建社会から近代民主社会へと移行する明治という時代を抜きには語れない。田中さんは言う。

「庄三郎が世界に目を向けるきっかけが自由民権運動です。自由民権の志士と交わった彼は『浅学無才を痛感した』と晩年話しています。庄三郎は派手好みで京都や大阪でずいぶん散財もしました。でも、彼のなかには社会や国が第一という意識が常にあった。生前の講演で『土倉家が滅んでも社会のためになるならかまわない』と語っているんです」

自由民権運動とは、藩閥政治に対して板垣退助らが主導した市民の自由と権利を要求した政治活動である。一八八一年に板垣が自由党を、翌年には大隈重信が立憲改進党を組織した。大和国にも著名な運動家が訪れて演説や講演を行った。吉野でも自由民権結社が次々と作られた。庄三郎も近隣の同志と「自由懇親会」を開いた。

近畿を中心に組織された日本立憲政党が一八八二年に『日本立憲政党新聞』（現在の毎日

新聞）を刊行。庄三郎は、創業費の約二一％にあたる三〇〇〇円を出資。その後も「自由民権運動の台所は大和にあり」と呼ばれるほど多額の援助を繰り返した。新聞『岐阜日《にち》日《にち》』によれば、日本立憲政党への寄付は六万円に上ったという。

しかし一八八二年四月、岐阜県で遊説中の板垣は自由民権運動に反感を持つ暴漢に襲われる。庄三郎は大垣市で療養する板垣を見舞った。そのときに二人の間に何らかの話があったのだろう。その七カ月後、傷が癒えた板垣は後藤象二郎と約半年間、ヨーロッパへ遊学に出かけている。渡航費用二万円を提供したのが庄三郎だった。ちなみにその当時の一万円は現在の二億円に相当するともいわれている。とすると日本立憲政党に寄付した六万円は現在の一二億円、板垣の洋行費は四億円に相当する。

庄三郎は教育にも金を惜しまなかった。

一八八〇年、五人の娘のうち年長の四人と、親戚の娘二人を梅花《ばいか》女学校に入学させている。なかでも次女の政子を一八九〇年から七年間、アメリカに留学させた。費用は年間一〇〇〇円（現在なら約二〇〇〇万円）もかかったという。

実子の教育だけに力を注いだわけではもちろんない。彼は社会を見据えて、金を出した。

懇意にしていた新島襄《にいじまじょう》の後ろ盾となり、同志社創設に五〇〇〇円を寄付。また日本女子大学設立にも重要な役割を果たしている。娘たちが通う梅花女学校の教師だった成瀬仁蔵《なるせじんぞう》に女子大創設の相談を受けた庄三郎は、実業家の広岡浅子を紹介し、五〇〇〇円を出資する。ちなみに広岡はNHK朝ドラ『あさが来た』のヒロインのモデルとなった女性である。

庄三郎の仕事を見ると、近代的な考え方を受け入れる柔軟性と広い視野を持つ人物だったことが分かる。しかも大財閥に匹敵する資産家である。彼はなぜ政界や中央の実業界などへ活躍の場を移さなかったのだろうか。実際に政界進出を依頼されたり、現在の林野庁にあたる山林局の長官として起用したいと声をかけられたりもした。田中さんはこう推測する。

「庄三郎は、林業家としての、吉野山の山主としての自身の本分を知っていたのではないでしょうか。だから川上村の村長にとどまり、表舞台には立たず、陰から社会をバックアップしようとしたのではないかと思うのです」

年々戦勝論

林業家としての庄三郎の〝本分〟を象徴するエピソードがある。

彼が唱えた「年々戦勝論」である。一八九四年の日清戦争では莫大な国費を費やしたうえ、数多くの若者が命を落とした。血の代償として賠償金と領土を得た。しかしロシア、フランス、ドイツからの三国干渉で領土を返還する。庄三郎は言う。それなら戦争ではなく、山に投資しなさい。林業には弾丸も兵隊もいらない。若者が死ぬこともない。木々が育って金が稼げれば、毎年戦争に勝つようなものだ。戦争に行くなら山に来なさい、と。

「庄三郎は経済人らしい合理的な発想で、林業を基盤にした国づくりを訴えたんです。今日のヒューマニズムの視点ではなく、戦争よりも林業の方が儲かると語った。庄三郎は金を貸した相手に対しても気遣いを忘れなかったそうです。だからといって金額をまけたりはしなかった。もちろん誰にでも支援をしたわけではなく、人物を見て断る場合もありました。経済人らしい合理主義者だったからこそ、時代を代表する人たちに頼られたのです」

また吉野山では、卓越した先見性を示す伝説とも呼べる逸話が語り継がれている。

庄三郎が三〇歳前後の頃の話である。明治初期、神道の国教化が推し進められ、仏教を排斥する廃仏毀釈《はいぶつきしゃく》が行われた。仏教寺院が林立する奈良県も例外ではなかった。寺院が打ち壊され、仏像が焼かれた。日本一のサクラの名所だった吉野山に足を運ぶ花見客も減り、山が荒れ果てた。背に腹はかえられない。困窮した住民は、大阪商人に吉野山のサクラを売り払ってしまったのである。サクラは燃料用の薪として使われるはずだった……。しかしその話を聞いた庄三郎は驚き、すぐに三万本のサクラ全てを買い戻す。その額、五〇〇円とも八〇〇〇円ともいわれる。吉野山には次のような庄三郎の言葉が伝わる。

「いつか外国人が吉野山に桜を見に来ることもあるだろう。その日まで桜を守らなければならない」

それから百数十年の歳月が流れている。吉野山は世界中から観光客が訪れる観光スポットとなった。今日の吉野山の風景を予見していたかのような決断である。

けれども、長い歳月の流れのなかで庄三郎自身の歩みも、またその功績も忘却されてしまっている。いま庄三郎を知る人はほとんどいない。その原因となったのが、土倉家の没落である。一九一七年の庄三郎の死後、家督を継いだのは長男の鶴松だった。鶴松は屋台骨の林業をおろそかにし、中国の炭鉱経営やモンゴルの金鉱開発などスケールは大きいがどこか胡散臭さが漂う事業に投資した。川上村では「鶴松さんは一一回事業を始めたが、一一回失敗した」と語り残される。

二〇〇七年、庄三郎の功績を後世に伝えるNPO法人「芳水塾《ほうすいじゅく》」が設立された。庄三郎が開設した私塾「芳水館」の名を継ぐ組織である。理事長で、土倉家の菩提寺である浄土宗龍泉寺の住職、古瀬順啓《ふるせじゅんけい》さんは言う。

「川上村でも土倉さん（庄三郎）を知る人がほとんどいなくなってしまった時期がありました。土倉さんの精神をあらためて学び直して、今後に活かしていく場を作りたかったのです」

林業を発展させて国の基盤に――。庄三郎の遺志が結実した書籍がある。一八九八年に刊行され、種子採取から植林や伐採、製材、運搬、加工という林業のプロセスからマーケットまでを網羅した『吉野林業全書』である。林業のバイブルとまで呼ばれ、二〇一二年には関係者たちの要望に応えて二度目の復刊がなされた。その内容は一〇〇年以上過ぎたいまも古びない。

明治の元勲にパトロンとして頼られるようになってからも、彼は一人の林業家としての本分を忘れなかった。林業とは何か。社会のために山林をどう活かすべきか……。庄三郎の問いかけが、時代を超えた普遍性を持ち、現代に息づく証である。

【解説】東京ではなく地方こそが日本の最先端だった

土倉庄三郎が生きた明治時代の「林業」について知る上で、僕らがまず踏まえなければならないのは、当時の日本の山林がどのような状態にあったかでしょう。
日本は国土の七割が山という国ですから、昔から豊かな緑に恵まれていたと考える人が多いのかもしれません。

しかし、実は江戸時代の山林には、禿山《はげやま》になってしまったものがそこら中にあった。山に木がないと大雨が降ったときに洪水が起こりやすくなりますし、山林を資源として使うこともできません。それゆえ、明治時代の行政にとっては治山をしっかりと行い、山をきちんと整備することが一つの大きなテーマでした。

土倉庄三郎の評伝『樹喜王　土倉庄三郎』（田中淳夫著）の中に、「赤松《あかまつ》亡国論」というものが出てきます。

これは「日本の林学の父」と呼ばれた本多静六《ほんだせいろく》の唱えたものだそうです。彼は土倉庄三郎の所有する吉野の森で林学を学んだ人で、「赤松亡国論」とは日本の山々の松林の風景というものが、植生の末期症状を表しているという主張です。

江戸時代に限らず、例えば古代・中世においても日本では、藤原京、平城京、平安京と都を作り替えるたびに、近畿地方の山林が切り倒されて禿山になってしまっていました。

その後、山には松林が広がっていくのですが、松が生えるのは痩せた土地で、他の種類の木が生えないような場所です。松茸は取れるかもしれませんが、松林の広がる風景はそれだけ日本の山地が荒廃している証拠だ、と本多静六は指摘したのです。

この本多が学んだのがドイツ、当時のプロイセンの林業でした。彼が吉野の山で土倉庄三郎が続けていた古来の伝統的な手法と出合ったことを考えると、ドイツの林業と日本の伝統が組み合わさったものが、その後の日本の林業のベースとなっていったように思います。

いわば、本多静六の学識と土倉庄三郎の経験が結びつくことで、日本の林業は作り上げられたといえる。二人の名前はいまではほとんど知られていませんが、日本の山林の風景そのものに彼らがいかに大きな影響を与えたかを思えば、やはり覚えておくべき功績を残した人たちだといえるのではないでしょうか。

さて、この時代の他の実業家の多くが様々な事業に手を出しがちなのに対して、土倉庄三郎は林業のみに徹底してこだわった「一点突破」の人でした。父親から代々続く山林事業を受け継ぎ、一生を通じて故郷である川上村を拠点に働き続けています。

前述の田中淳夫さんによる評伝や土倉祥子著『評伝土倉庄三郎』を読んでみて興味深かったのは、川上村という山奥にもかかわらず、実に多くの名士が土倉庄三郎を訪ねていることです。

歴代の首相が来たり、囲碁のプロで後に本因坊《ほんいんぼう》となる人が食客になるために訪ねてきたりといったエピソードもそうですし、何より日本全国の実業家や政治家と土倉庄三郎は深いつながりを持っていました。

また、自由民権運動の関係者には特に肩入れし、山で稼いだ財産を費やして支援をしています。板垣退助の洋行費用を援助し、新島襄の同志社設立を支援したのも彼でした。

何かの志を持った誰かが、川上村をはるばる訪ねてくる様子は、まるでベンチャー企業の経営者が「エンジェル」を探し訪ねるのと同じように見えてきます。

加えて土倉庄三郎は一八七二年に義務教育制度が始まると、地元にいち早く小学校をつくり、おそらく日本で初めてと思われる制服を導入しています。娘をニューヨークに留学させるなど、当時においてはかなり先進的な教育を受けさせようとしています。

そうした様子を見ていると、明治期の「日本」のイメージが少しずつ変化していくような気持ちを僕は抱きました。川上村という山村に、あたかも全国から人や物が集まる当時の「最先端」があったかのような気にさせられたからです。

東京一極集中は最近の話

しかし、これはよく考えてみれば当たり前のことで、土倉庄三郎の生きた時代について考える際には、「東京」という都市が日本の中心だという意識を、いったん脇に置いてみる必要があります。

当時はまだ鉄道も普及していませんから、「ヒト・モノ・カネ・情報」がいまほどには東京に一極集中していなかった。東京という都市にあらゆるものが吸い上げられるようになるのは、世の中が便利になったもっともっと後の時代のこと。当時は天下の台所と呼ばれた大阪、そして京都のウェイトが、現代よりもずっと重かったのです。

吉野のさらに山奥の村と聞くと、現代の感覚からすると相当に不便な場所だと考えてしまいがちです。いまは東京―大阪間が新幹線で二時間半、川上村へは大阪を経由しても五時間はかかるわけですから。

しかし、交通手段が発達していなかった土倉庄三郎の時代は、東京から大阪に向かうのも一日がかり、同じように川上村へ向かうのも一日がかりで、移動にかかる時間はほとんど一緒でした。つまり、東京も大阪も川上村も不便さのレベルはほぼ一緒という距離感のなかで、人々は生活をしていたことになります。

そうであれば、川上村を拠点に事業を行っている実業家がいても、それほど違和感は感じなかったはずだと僕は思うのです。

大阪辺りで一旗揚げようと考えている人であれば、東京の三菱に金を借りに行くよりも、それこそ川上村の土倉庄三郎のもとへ行った方が早い。『評伝土倉庄三郎』に書かれているように、土倉庄三郎は植林の仕事の傍らで自由民権運動の会合に何度も出席しており、〈そのころの愛国社、自由党、立憲政党など初期の自由民権運動の主体はすべて大阪であり、全国的な大会もすべて大阪で開かれていた〉のです。

その意味で中央政界や財閥にも影響を与えていた土倉庄三郎の存在は、当時の日本における地方がいかに多様であったかを教えてくれるものでもあるといえるでしょう。

インバウンドを予言

そんななかで僕が胸を打たれるのは、川上村で生まれ育った土倉庄三郎の山への愛情の深さです。

吉野では現在でも「土倉さんの作った山の木は鋸を入れれば分かる」とさえ言われるそうですが、彼は自身の山だけではなく、それまでに培った林業のノウハウを日本全国に広めようとしました。

その山づくりへの姿勢は文字通り地道であり、真面目。ひたすら本業に専念して、技術を独り占めすることなく全国を教えて歩いている。

また、日本随一の桜の名所である「吉野の桜」も、それを守ったのは土倉庄三郎でした。『樹喜王　土倉庄三郎』によれば、あの有名な桜の名所は明治の初頭、一度は薪にされそうになったことがあるそうです。

何でも明治期に山が荒れていたのは吉野山も例外ではなく、木々の手入れが行き届かず行楽地としての面影はかなり失われていたようです。

面白いのは、その背景に明治政府による廃仏毀釈があった、という記述です。吉野山は神仏混交である修験道《しゅげんどう》の拠点であったため、多くの寺院が破壊されたことから山の荒廃がより進んでしまった、というわけです。

そこに商売の匂いを嗅ぎつけた大阪商人が、吉野山の木を薪として購入する計画を立てたという話があった、と著者の田中さんは書いています。

〈この頃、煮炊きや暖房、さらに産業用のエネルギーは、ほとんど薪で賄われた。大阪ほどの大都市になると周辺の山では到底足りず、土佐や伊予、讃岐など四国のほか九州各地から船で薪が運ばれていた〉という状況だったのですから、荒れた吉野山は商人にとって大きなビジネスチャンスでした。

ところが、一度は吉野山の住民も売却計画を了承して代金をもらったものの、その話を聞いた土倉庄三郎はすぐに返金するよう求め、代わりに土倉家が同じ金額を支払うと言い出します。

〈新しい政府ができて、日本は世界の国々とつきあうようになる。外国人も日本を訪ねて来るだろう。その日のためにも吉野山のサクラは保存しておかねばならない〉

その頃の吉野山は確かに荒廃し、かつての賑わいは失われていたかもしれません。しかし、その桜の名所が日本という国にとって一つの財産であることを、彼は大きな視野から見抜いていたのです。

川上村という山奥に暮らす土倉庄三郎が、このような時代感覚を持っていたところにも、彼の進取性が感じられます。その言葉はまるで、一五〇年後の日本の観光立国やインバウンドの賑わいを予言するかのようではないかと僕は思いました。

戦争より林業が儲かる

それからもう一つ、土倉庄三郎の影響力を表すエピソードだと思ったのが、いまでも「三井の森」として知られる三井財閥の森林事業の原点に彼の姿があることです。

『評伝土倉庄三郎』には三井財閥の大番頭だった益田孝が、「日本山林会大会」での講演でこんな話を披露したことが紹介されています。

〈林業のような気の長い仕事はソロバンに合わぬからやる気がなかった〉という益田は、土倉庄三郎とのやり取りをこう続けています。

〈もっとも早く資本を回転させねばならない自分たちは、孫や曾孫の代でないと金にならないような山林には、とても手を出すことができません、と言いましたところ、土倉翁は「そこが間違っている。木というものは年々成長しているではないか。秩序をもって植林すれば、五年たてば五年だけの値打ちが出来、七年たてば七年だけの値打ちが出来てくる。（略）そんな馬鹿なことを言うな」と私どもソロバンをはじいている商売人を一言で説破されました〉

そう叱られた彼は自ら静岡県に山林を買い、後に三井家にも山林事業を勧めたそうです。これが以後の三井の森林事業のきっかけとなり、彼らは多くの山林を持つ企業となっていったのです。

こうした土倉庄三郎の山林に対する姿勢の基本となっていたのが、「年々戦勝論」という考え方でした。

彼がこの論を語り始めたのは、一八九五年の日清戦争の終結後、下関講和条約が締結されたことが背景にありました。条約は知っての通り、朝鮮の清国からの独立が認められ、日本には遼東半島や台湾などが譲られるとともに、莫大な賠償金が支払われるというものでした。

しかし、この条約の一カ月後にはロシア、フランス、ドイツの三国干渉によって、遼東半島は返還されることになります。そのなかで日本の世論は反ロシアに傾き、後の日露戦争へとつながっていくのです。

土倉庄三郎はこの経緯を踏まえながら、次のようなことを講演で語っていたそうです。〈強大な清国を相手に、新興早々の小さな日本が戦争をして、国家の総力をしぼりつくし、夫や息子を旅順や奉天に戦死させ、勝って得たものは僅かに二万両（三億余円）の賠償金にすぎない。戦争に払った犠牲の大きさを考えると、あまりにも代償が少なすぎる。そこで私は日本の富を殖す道として、全国の広大な荒れた原野に殖林することを提唱する。これに殖林したならば、年々の収益は計り知れないものがあり、年々戦勝して償金をとっているのと同じようなもので、「是れ実に邦人の平和戦争として日清役以上に奮闘せざるべからざる一大事件なり」という主張であった〉（『評伝土倉庄三郎』）

戦争より林業の方が儲かる――。

当時の日本にとって材木は大きな資源であったことを考えると、土倉庄三郎という人はあの時代にあって、非常に合理的な思考をする実業家だったことが分かる逸話だといえるでしょう。

家より山を残す

彼は前述のように川上村にいち早く小学校をつくり、娘たちをあの時代において海外に留学させるなど、教育についても深い思いを抱いていました。それもまた、子供や孫、さらに先の代を見通しながら、山を育てていく林業の思想と重なるものだったのでしょう。

また、彼は「吉野郷材木方大総代」の職についていた三〇代のとき、木材を売った際の納金を次のように使うことを提唱しています。

1・金額の三分の一は小学校費

1・金額の三分の一は道路修理費

1・金額の三分の一は窮民救助費

これは後の「川上村特別税」というものの前身となったそうですから、いかに彼が「公」に対する高い意識を持っていたかが窺えます。さらに道を作る際も村全体や周囲の人々の意見を重視しながら、丁寧に事業を進めるところに彼の特徴がありました。周囲の意見に気を配りながら、なすべきことを着実に実行していく民主主義的な姿勢には、彼の人柄を感じさせるものがあります。

ただ、土倉庄三郎の生涯を最後まで見ていくとき、何ともやり切れない気持ちになるのは、家業を継がせた長男によって事業が立ち行かなくなっていくことです。次男はカーネーション栽培で名を成し、「カーネーションの父」と呼ばれるなど実業家としての才を発揮しますが、土倉家の事業を継いだ長男の鶴松はことごとく事業に失敗していきます。

ここでも僕が想起したのは――薩摩治郎八と同じように――『ブッデンブローク家の人びと』で、やはりどんな名家であっても三代目には滅びの兆候が表れてくるものなのかもしれません。

彼の長男の鶴松は林業を「一点突破全面展開」した父親とは異なり、大阪や中国大陸などで様々な事業に手を出しました。しかし、中国で始めようとした革製品の製造や炭鉱事業は失敗し、人に騙されたこともあったそうです。中国はこの本の第三章で紹介している大倉喜八郎ですら、つぎ込んでもつぎ込んでも底なしに金を吸い込む場所だ、というようなことを言っているくらいです。大倉ほどの実業のセンスを持つ人ですらそうだったのですから、鶴松にはどうにもならなかったことでしょう。

鶴松によって土倉家が築き上げた財産は削り減らされ、例えば、あるとき三百万円の手形を書いている彼の姿を見て、五男の五郎は「ご存じでしょうか」と父親である庄三郎に伝えたことがあったと伝わります。

その際、土倉庄三郎が語った言葉には、人生を達観したような味わいがあります。

〈わたしは知らん。大変な金額だな。しかし、わたしは家業の一切を任せたのだから、彼が自由にするのは止むを得ない。財産というものは、殖えもすれば減りもする。それが財産というものだ。減っても又、いつのまにやら殖えることもある。すべては土倉家の運次第で、人間の勝手にはならないものだ〉（『評伝土倉庄三郎』）

土倉庄三郎がこの長男に対して、父親としてどんな気持ちを抱いていたかは分かりません。

しかし、おそらく彼はいろんなことが見えていた人で、これも運命やな、と捉えていたことがこの言葉からは伝わってくる。子供が家を大きくするかダメにするかは、神様にしか分からない、というくらいの達観した思いを持っていたのだろう、と。

そして、だからこそ土倉庄三郎が山への愛情によって日本に残したものが、より際立つように僕には思えてなりませんでした。

山がある場所は全て自分の故郷であるかのように、土倉庄三郎は自身の培った林業の思想を日本全国に伝え歩きました。自分の学んだことを惜しみなく伝え、次の世代を育てていくことに意欲的だった庄三郎は、林業が二代、三代先を見通す仕事であるように、教育にも同じようにこだわり、地元に学校をつくって同志社大や日本女子大にも支援を惜しまなかった。

土倉家の名前はいまではほとんど知られなくなっていても、彼は有形無形の資産を日本にたくさん残しました。おそらく彼は日本の山林産業がうまくいっていれば、それで良いと考えていたのではないでしょうか。

「家」や「血」にこだわるのではなく、全国の山を愛する人とつながり、山に対する愛情を持つ人間を育てていけば、山は将来にわたって生き続けていく。血縁にこだわるよりはるかに大切なことを、彼は意識していた。

そのように現代人が眺める日本の山々の風景の土台を作った土倉庄三郎という名前を、やはり僕たちはあらためて記憶に刻んでおくべきでしょう。

第五章

〝相場の神様〟山崎種二

山崎種二／やまざき・たねじ

一八九三年、現在の群馬県高崎市生まれ。上京して米問屋に入店すると、一九二四年に独立して山崎種二商店（現在の株式会社ヤマタネ）を設立。東京や横浜の倉庫を買収し、山種商店の基礎を築く。さらに一九四四年に山崎証券（現在のＳＭＢＣ日興証券）を創業。その八年後、東京穀物商品取引所の初代理事となる。教育者としての顔も持ち、一九四〇年に財団法人「山崎学園」を立ち上げ、富士見中学高等学校を創立した。また近代日本画の収集家として横山大観や川合玉堂《かわいぎょくどう》らを支援し、日本画専門の山種美術館を設立する。独特の相場観から〝相場の神様〟〝兜町最後の相場師〟と呼ばれ、城山三郎の小説『百戦百勝』のモデルとなる。一九八三年に逝去。

【評伝】「売りのヤマタネ」は、堅実で着実な投資家だった

日本画専門の山種《やまたね》美術館は、東京都渋谷区広尾の瀟洒《しょうしゃ》な住宅街に立つ。創設者はヤマタネの愛称で知られた山崎種二。山崎証券（現・SMBC日興証券）を創業した「相場の神様」と呼ばれた人物だ。山種美術館の三代目館長がヤマタネの孫で、キュレーターの山崎妙子さんである。

「祖父は『美術を通じて文化貢献をしたい』と美術館を設立しました。絵を個人で楽しむのではなく、一人でも多くの人たちに見ていただきたいと考えたのです。祖父は『絵は人柄である』と語り、横山大観や川合《かわい》玉堂《ぎょくどう》ら日本画の大家と親しく付き合いました」

小学生だった頃、妙子さんは絵画教室で描いた油絵をよく種二に見てもらったと振り返る。彼女は祖父の膝の上で、和室に飾られた掛け軸や日本画を見て育った。

「八六銭だけ懐に入れて群馬から上京した祖父はどん底を味わった。その後、株や米相場の厳しい勝負の世界で生きてきた祖父にとって、画家たちとの交流や日本画は、純粋に楽しい安らげる場だったのだと思います」

現在の群馬県高崎市で養蚕などを手がけていた山崎家は、種二の祖父の代までは名字帯刀を許された裕福な農家だった。しかし一八八四年、埼玉県秩父郡を中心に借金延納や減税などを求めて農民が武装蜂起した秩父事件が起きる。山崎家は農民に襲撃されて財産を失ってしまう。種二が生まれたのは、その九年後の一八九三年のことである。種二は祖父に「お前以外に、この家をたて直すものはいないんだよ」と言われて育った。

一〇歳になると種二は、農作業や養蚕を手伝って、道普請《みちぶしん》で稼いだ。一年の半分ほどしか学校に通えなかったという。

〈汗水たらして働いても米はとれず、債鬼には責め立てられたので、東京へ出たいという気持が一度に燃え上がった〉と種二は『私の履歴書』で回想する。

深川で米問屋の「山繁商店」を営む親戚の山崎繁次郎を頼り、上京したのは一九〇八年のことである。田舎の家族は種二が東京で苦労しているだろうと思っていたらしいが、〈実は全く反対であった〉と明かす。田舎では盆、正月、秋祭りくらいしか米の飯や魚は食べられなかった。〈ところが、店へ来た翌日から、朝はみそ汁にちょっとしたおそうざいで、米のメシが腹一ぱい食べられる。昼は煮魚が一切れつく。夜はそうざいと煮魚を出してく

れる。（略）私にとっては、盆と正月が一度にきたようなご馳走であった〉
山繁商店での種二の初めての仕事が俵担ぎだった。種二は実際に米に接することで、産地ごとの米の特徴や善し悪しの見分け方などを目と掌で覚えていく。日本人にとって米とは何か。そこで体験的に会得した知識が、のちに米相場で活きるのだ。
「祖父は、いつも『米俵を担いだから丈夫な身体になった』と話していました。明治生まれにしては身体が大きくて相場の世界で成功したせいか、祖父をスケールが大きい人だと思っている人が多いようです。ただスケールが大きいだけでなく、きめ細やかな人でもあった。それを象徴するのが、倉庫でニワトリを飼った話です」と妙子さんは言う。
倉庫番を任された種二は、主人の許しを得て二〇羽ほどのニワトリを飼った。米俵からこぼれ落ちた米粒をかき集めてエサにした。そして卵を一個一銭で売りさばく。その金を元手に種二は米相場を張り始める。

買い占めはしない

種二のきめ細やかな性格を象徴するエピソードがもう一つある。

一九二〇年二月、種二は衆議院議員萩原鐐太郎《はぎわらりょうたろう》の孫ふうと結婚した。種二がふうに惚れ込んで、口説き落としたのである。米相場で儲けていた種二は、政治家などが社交場として利用した東京・芝の紅葉館で式を挙げる。だが、当日、新郎の姿が見えない。出席者が種二を探すと「披露宴に招いた全員の顔を知っているのは私だけだから」と玄関で下足番をしていたという。

結婚一カ月後の一九二〇年三月一五日、突如米も株も大暴落した。第一次世界大戦後の大恐慌である。種二は〈米でも株でも大損をして、三万円の財産をすっかりなくしてしまい、有頂天の出ばなをくじかれてしまった〉と書く。種二が経験した初めての失敗である。

転機が訪れたのは翌年のこと。当時、米相場界では横堀《よこぼり》将軍と呼ばれる相場師（石井定七《いしいさだしち》）が幅を利かせていた。米の大凶作が訪れると見込んだ横堀将軍が米の買い占めを行った。春に一石（約一五〇キロ）二五、六円だった米が、横堀将軍の買い占めで、秋には四〇円台にまで高騰する。その量は大阪で五〇万石、東京で三〇万石に上ったという。

山繁商店の支配人となっていた種二は横堀将軍の買い占めに対し、日本全国から米を買い集めて売りさばいた。横堀将軍は買い占めた米を相場師たちが損を承知で買い戻してくると考えていた。しかしその思惑は種二らの売りによって挫《くじ》かれる。

米を抱え込むと倉庫代などがかかる。しかも横堀将軍は大量の米を自ら売り払うルートもノウハウも持っていない。結局、横堀将軍は安価で米問屋に売るしかなかった。

端的に言えば、もともと種二ら米問屋が横堀将軍に売った米が、より安い値段で手元に戻ってきたのである。山繁商店は、開店以来の景気に沸いた。一九二四年、三一歳の種二はこのボーナスを元手に三万円の金を蓄え、独立して山崎種二商店を開店する。

一九二八年にも一九三二年にも相場師による米の買い占めがあったが、どちらも売り方に回った種二らが勝利した。種二は自伝『そろばん』で売りに回る理由を語っている。

〈国民にとって、日常なくてはならぬ主食の米を買い占め、値段をつり上げてもうけるなんて、とうていがまんがならなかった。第一、そんなに高い値段につり上げられた米を一体誰が食べるんだ。どうしても、買い占めでもうける気にはならなかった〉

仕事に対する矜持《きょうじ》や貧しい生活を知る種二の視線が分かる言葉である。

ケチではなくムダを嫌う

「祖父は『ケチ種』とあだ名されましたが、決してケチなわけではありませんでした。ケチというよりはムダを嫌う堅実な性格だったんです」

妙子さんが評するように種二は必要なものには思い切り金を使った。徴兵検査で帰郷したときのこと。高崎の鏑川《かぶらがわ》が増水して足止めされてしまう。二一歳の種二は、一つの目標を立てた。橋がないせいで、みんなが不自由な暮らしをしている。いつか大金を手にしたら、ここに橋を架けてやる、と。その目標が実現したのは、一九三〇年頃。金解禁相場で大儲けした三七歳の種二は、星川橋と塩畑堂《しおはたどう》橋を架けて県道を通す。

種二が「山種商店の基盤を確立した」と語る事業がある。一九三三年、米が大豊作だった。農林省は米価暴落を防ぐために米を買い上げた。しかし米を保管する倉庫がない。〈私はピンときた〉と種二は言う。倉庫さえ確保すれば、大儲けできる。米を買うよりも倉庫を借りる方が先決だ、とすぐに東京と横浜の倉庫を「借り占め」した。

全国から米を積み込んだ貨車が東京や横浜の駅に入ってくる。米は届いたが、倉庫を持たない米問屋は米を買えない。米相場は倉庫を独占した山種商店の独壇場となった。「米の山種」から「株の山種」と呼ばれるきっかけとなる伝説的な勝ちもこの時期である。

一九三五年、イタリアとエチオピアの間で戦争が起きる。株の世界では「遠くの戦争は買い」がセオリーといわれている。しかし遠いアフリカの戦争が日本経済にどれだけ影響を与えるのか、疑問を抱いた種二は手持ちの株を売り始めた。しかし株価は上がり続ける。そんな時期に起きたのが、二・二六事件だ。種二は、潮目の変化を素早く読み取り、手持ちの株を一気に売り払って五〇〇〇万円の利益を得る。山種の名が世に轟いた仕手戦《してせん》だった。

種二は『私の履歴書』で〈半世紀の仕手戦を一つ一つ書いていたらキリがない〉と書きながらも、あえて日活株の買い占めについて振り返っている。二・二六事件の少し前のことである。のちに日活の社長になる堀久作《ほりきゅうさく》に「株を買ってほしい」と頼まれる。当時日活株は値下がりがひどく売りたたかれていた。種二は二年ほどかけて日活が発行する一六万株中、六万株を購入する。二年後、一四円だった株価は一二〇円に跳ね上がった。堀は最終的に八万株以上の株を集めて筆頭株主となる。

買い占めから三年後の一九三八年頃のこと。種二は日活を乗っ取ろうと画策する松竹から「日活の株を集めてほしい」と依頼を受ける。堀が「松竹には株は渡さない」と語っているのを知った上で、種二は松竹の頼みを引き受けた。

「君は一体どっちの味方なんだ」と当然堀は怒った。しかし種二は平然と「相手がどなたであろうと商売させていただきます。それがブローカーです」と応えた。

ケンカになっても不思議ではない場面だ。しかしそれ以上追及しなかった堀に対して、種二は「大した人だ」と感じたという。

着実に一歩一歩

一九四四年に山崎証券を設立。切った張ったの相場の世界で勝ち続けた種二だったが、生活は堅実だった。『そろばん』に種二の金銭観が分かる一文がある。

〈着実に、一歩一歩積み上げていく、その意志の強さ、その結果、出来上がる貯金、そこには人並みならぬ努力が必要だ。（略）この私がよい見本であり、ケチ種でも一向にさしつかえなしである〉

妙子さんも祖父を「小さな幸せを知っている人だった」と続ける。

愛妻家だった種二にとっての「小さな幸せ」が、家族との時間、そして営利を抜きに取り組んだ教育と美術の振興だったのではないか。

種二は一九四〇年に財団法人山崎学園を創設して、富士見中学高等学校の運営をスタートさせた。きっかけは次男が通う中学校の校長の言葉だった。

「株式ではずいぶん失敗して、自殺をしたり、夫婦別れをした人もいるようですね。その半面、あなたは株で儲けている。罪滅ぼしに教育に金を使ってくれませんか」

校長の話に種二は純粋に感銘を受け、賛同する。

「祖父は謙虚に人の話に耳を傾ける人でした」とも妙子さんは語った。美術館設立もそうだ。

小僧時代、主人の山崎繁次郎の書画趣味に憧れて、種二も一本立ちしたら書画を買いたいと思っていた。しかしはじめて買った古画は偽物だった。以来、彼は「絵は人柄である」と語り、若い作家を支援して、直接本人から新画を買うようになる。そして横山大観に「金儲けもけっこうだが、世の中のためになることをやったらどうですか」と言われて、山種美術館設立を決意する。

美術への純粋な思いが発露《はつろ》したのは皇居に招かれたときである。宮殿には国内外からの賓客をもてなすために日本を代表する画家たちの絵画が飾られていた。種二はその素晴らしさに心を打たれる。そして思う。たくさんの人にもこの感動を味わってほしい、と。

なんと彼は皇居と同じ絵画を美術館でも展示しようと、作家たちに同じ作品の制作を依頼したのである。妙子さんは言う。

「祖父の人柄を知る作家たちは快く引き受けてくれました。祖父はたくさんの人に見てほしいという一心で私財をなげうった。日本画の素晴らしさを多くの人に知ってほしい。そんな祖父の思いを継承していきたいと考えているのです。日本画を未来に引き継ぎ、世界に伝えていければな、と」

【解説】ビジネスに必要なのは自分なりの哲学

山崎種二の自伝『そろばん　売りのヤマタネ半生記』は、日本経済新聞の「私の履歴書」をもとに書かれたものですが、こうした「自伝」を読んでいると、ときおり著者が自身の先祖のことを細かく語っているのを目にします。

山崎種二もその一人で、一八九三年生まれの彼は自らの生まれについて、〈私の家は水呑み百姓同然のところまで落ちぶれていた〉と振り返る一方、もともとの家系は加賀前田家の分家に仕える武士だったと強調しています。

自伝にこうした記述を見つけるとき、僕は「人間というのは、どんなに名をあげ功をなした人でもこういう可愛げがあるんだよな」とちょっと嬉しい気持ちになります。そして思い出すのが、日本生命に勤めていた頃に体験したある一つのエピソードです。

僕がまだ三〇代前半だった頃、日本生命がシェアソン・リーマン・ハットンというアメリカの会社に投資をしたことがありました。シェアソンはアメックスの子会社で、そのグループに投資をする代わりに、日本生命の若手社員を数百名単位で教育してほしいとお願いしたのです。

契約締結後、シンクタンクのニッセイ基礎研究所で講演会を企画したところ、シェアソンがアメックスの社外取締役だったキッシンジャーを講師として送ってくれることになりました。

プロジェクトの一員だった僕はこの講演会の後の食事会で、キッシンジャーの話を末席で聞く機会を得たのですが、そのときに彼が次のようなことを言っていたのが印象に残っています。

「人間はワインと一緒だ。人は誰もが生まれ育った土地を愛している。そして、その誰もが同じように、自分の先祖が立派な人であってほしいと願っている」

だからこそ、歴史と地理を勉強しろ、と彼は続けました。

歴史とは先祖のこと。地理とは人の生まれた場所のこと。この二つを勉強しなければ、人間を理解することはできない、とキッシンジャーは話していたのです。

これは良い言葉だと思い、僕はメモをとりました。そして、それからは夏と冬に海外行きの航空チケットを買って二週間の休暇の許可をもらうとき、「おまえ、また行くのか」

と言う上司に対して、「はい、キッシンジャーもそう言っていたじゃないですか」と返していました。あのキッシンジャーの言葉は、歴史を学ぶことや旅に対する僕の姿勢の一つの原点になっています。

そんなわけで、山崎種二の自伝が先祖や土地の話から始まるのを読んだとき、やはりキッシンジャーが話していたことは物事の本質をついていたのだ、という気持ちになったのです。

貯蓄第一

彼は貧しい家の生まれで、物心ついた頃には田畑は借金の抵当に入っており、祖父からは〈考え五両、働き一両。種二よ、しっかりやってくれ。お前以外に、この家をたて直すものはいないんだよ〉と繰り返し言われながら育ったそうです。その境遇から回米問屋の小僧さんになり、相場と出合っていく彼の人生はまさに立身出世の物語です。

最終的には大成功を収め、何の不自由もない暮らしを手に入れたように見える山崎種二ですが、それでも先祖にこだわるところに、「人間」というものの面白さを感じるのです。

偉人のこうした「自伝」は、第三者によって客観的に書かれた評伝と比べると、少し割り引いて読まなければならないものでしょう。しかし、山崎種二の『そろばん』はそれでもなお、とても興味深いエピソードに溢れた一冊でした。

ただ、僕が彼の人生や考え方で面白いと思ったのは、「相場師」という職業の派手さに対してではありませんでした。むしろその生涯が意外なほど地道で慎重なものであったことを知ったからです。

例えば、彼は従業員に対して「貯蓄第一」と繰り返し語ってきたそうです。

誰もが真面目にお金を貯める大変さを言うけれど、彼は〈それなりにがまんとか、強い意思が必要なのは当たり前だ。しかし、それをすぎればあとはぐっと楽になるのを知らないだけである。胸つき八丁をすぎれば貯蓄マラソンも勝利者になれる〉といった考え方をする人でした。

山崎種二といえば「売りのヤマタネ」といわれ、相場の神様とさえ称されました。米相場や株での仕手戦など、相場師といえば切った張ったの世界を生きる豪快なイメージを抱きます。

もちろん彼の人生には、確かに札束が乱舞するような派手なエピソードが数多く登場します。しかし、一つひとつをじっくり読んでみると、その内実はとても慎重なものであったことが分かるのです。

〈「凶作に買いなし」、そして「豊作に売りなし」の諺《ことわざ》を目の前にみた〉〈思惑でもうけるのは大きい。しかし、一つまちがえばとんでもない損をかぶることである。およそ、相場に勝った人の話はよく聞くが、最後まで見事に、勝ちをおさめたという話はむしろ、稀でさえあった〉などと本人が語るように、彼は大相場を張ると同時に、こっそりと「売り」も仕掛けておくなど、多くのケースできちんとヘッジをかけています。一見すると博打を打っているように見えるときでも、裏では細かく利食いをしたりする。

〈自らがその中に飛びこみ、体を張って得た教訓ほど尊いものはない。体得というのは良い言葉である〉

そう語る彼はとても慎重な人であり、経験から様々な教訓を学び取ろうと心がけている。だからこそ最後まで相場の世界で生き残ることができたのだろう、という印象を僕は抱きました。

このような慎重で勉強熱心な姿勢は、やはり若い頃のエピソードからもはっきりと窺い知ることができます。

派手に見えて慎重

彼の米相場での最初の成功のきっかけになったのは、山崎種二商店の看板を掲げた後、古米の活用で相場を暴落させて、売り建てていた米を買い戻したことでした。この〈古米活用作戦〉の成功の鍵は、小僧時代に倉庫番をしていた経験にあったと彼は述べています。

大阪に十万俵の古米があるという情報を聞きつけた彼は、ブローカーに依頼して米の入っているという倉庫を調べに行きました。その際にサンプルを取ると虫がついていたりして、味噌や醤油の原料にしか使えないと最初は思った。しかし、彼はそれでも倉庫にある米を奥の方まで入念に調べ上げ、十分使えそうだと判断したのです。

普通はサンプルを見て米がダメになっていたら、そこで諦める人がほとんどでしょう。ところが、彼はそのときも最後まで入念に倉庫を調べようとした。こうした行動には、相場を張るに当たっての彼の慎重さ、勉強熱心さの原点を感じさせるものがあります。

それから彼は独立する以前にも、濡れてしまった米を米俵ごと水に漬けることで腐らないようにして、三年かけて味噌などの醸造用として売るという大変に辛抱強い商売も手掛けています。

さらには〈もうけた金には損がついて回る。貯めた金には信用がつく〉という信念を語り、また、戦後に穀物商品取引所が再開されたときは、理事長室に渋沢栄一が額皿に書いた次のような対句を飾っていたそうです。

〈成名毎在窮苦日（名を成すはつねに窮苦の日にあり）〉
〈敗事多因得意時（敗れること多くは得意の時による）〉

この額皿をずっと大事にしてきたという彼は、〈成功のタネは必ず苦しい時に芽生え、失敗するのは有頂天になっている時に原因が生じている、という。まさに、相場の極意である〉と述べています。

この額皿をずっと大切に部屋に飾っていたことからも、山崎種二は派手に見えてとても律儀かつ慎重、反省をしっかりとする日々を送った人であっただろう、と僕は思うのです。

自分なりのルール

そんな彼はいくつもの相場で成功を収め、ときには大金を失ってきたわけですが、いつしか「売りのヤマタネ」というニックネームで呼ばれるようになりました。

この愛称が彼に付けられたのは、米相場を張る際に彼が「売り」から入ることにこだわったからでした。

その理由について、〈大体、私がきまったように売り方に回るのには、三つほど理由があった〉と語っています。

〈一つには、回米問屋の小僧時代から、もっぱら米の売りさばきをやっていたので、売りに慣れていたし、一種の習慣となっていたこと。二つには、買い占めが嫌いだった。国民にとって、日常なくてはならぬ主食の米を買い占め、値段をつり上げてもうけるなんて、とうていがまんがならなかった〉

ここからが面白いのですが、彼はさらにこう続けていきます。

〈第一、そんなに高い値段につり上げられた米を一体誰が食べるんだ。どうしても、買い占めでもうける気にならなかった。そして、三つには、買いでもうけるより、売りでもうけた方がずっと値打ちがあるからである。たとえば、一石四十円で売っておいて、二十円で買い戻したとする。当時の日本は農業中心の経済であり、米が下がれば物価も値下がりしているので、金の値打ちがそれだけ上がることになる。逆に、買いで同じ二十円幅を利食っても物価が上がっていれば、金の値打ちはその分だけ目減りしてしまう〉

日本人の主食の米を買い占めるなんてけしからん、という思いは確かに正論に聞こえるかもしれません。

しかし、そもそも売りから入ってもいずれは買い戻すわけですから、米を売り買いしてお金を儲けているという意味では一緒でしょう。立派なことを言っているように聞こえますが、横から見ていると「国民の米の値段を上げたり下げたりしているんだから、同じようなものだろう」と言いたくなるような話にも思えます。

ただ、僕はこのように自分なりの「ルール」を設定し、それに外れないように相場を張るところに山崎種二の相場師としての凄味を感じました。

実業家や相場師のなかには、何をしたって儲かればいいだろう、という節操のない人が多いものです。それもまた一つの考え方ではありますが、そうした人はビジネスにおいても相場においても、自分の状況判断が正しければ儲かるものの、外れた場合はどうなるか分からないという大きなリスクを抱えてしまいます。

山崎種二の「売り」に対する「俺は買わない。価格をつり上げるのは嫌だ」という考え方は、確かに経済学者からすれば意味のない「美学」に見えるかもしれません。しかし、ビジネスを実行していくという視点から見ると、自分なりの「美学」や「哲学」を持つことには明確な意味があります。

なぜなら、こうした理念というものは、商売をしていく上での判断基準になるからです。山崎種二は先に述べた通り、自らの体験から反省をして、それを次に活かす姿勢をいつも忘れませんでした。

そのような「反省」をビジネスの中で行うためには、自らの取った行動を後に分析できるようにしておく必要があります。とりわけ、なぜ失敗したのかを考えるとき、判断基準や仮説があると、それをベースにＰＤＣＡサイクルを回すことができる。

ＰＤＣＡサイクルとは、Ｐｌａｎ、Ｄｏ、Ｃｈｅｃｋ、Ａｃｔを繰り返すことで、業務を継続して改善していくという手法です。

このPDCAサイクルは、「売りでも買いでもどっちでもいい、どんな方法を使っても儲かればそれでいい」というスタイルでは回りにくい。「自分はこう思っていたが、相場はこうなった」というスタイルの方が、失敗を分析して次に活かしやすいのです。

つまり、山崎種二の「売り」は彼の美学であったと同時に、反省を次に活かす姿勢を支えるものであったに違いありません。

彼は後に経済学者の高橋亀吉《たかはしかめきち》や石橋湛山《いしばしたんざん》らと出会い、彼らの意見を常に大切にしていくことになります。彼らの意見は相場の勝ち負けにおいては、必ずしも正しいわけではなかったかもしれません。しかし、この人の意見に付いていこうという仮説を定めたら、彼はその仮説にきちんと従っていく。

彼の相場に対する姿勢は、たとえ屁理屈であっても自分なりの根拠を作り、失敗した場合はその都度、反省をするという堅実なものだったのです。

相場師と言えば切った張ったの山カンで、「今日は天気がいいから赤に賭ける」ようなイメージを抱いてしまいがちです。山崎種二はむしろ逆のタイプ。水に濡れた米を三年かかっても売ったというエピソードのように、小さいことをおろそかにせずに粘り強くやり抜くところにその特徴があるのです。

先ほども紹介した〈思惑でもうけるのは大きい。しかし、一つまちがえばとんでもない損をかぶることである。およそ、相場に勝った人の話はよく聞くが、最後まで見事に、勝ちをおさめたという話はむしろ、稀でさえあった〉との言葉通り、経験をデータベース化して活かしていったからこそ、彼は最後までこの世界で生き残ることができた。

慎重に周囲を見ながら、一つひとつの体験を学びつつ相場を張る。その意味で山崎種二は、あの時代においてとても近代的な相場師を目指そうとした人だった、ともいえるのではないでしょうか。

相場師から見た歴史

また、彼の自伝を読んでいて、もう一つ印象的だったことを最後に付け加えておこうと思います。それは相場の世界から見ると、歴史というものの見え方がずいぶんと変化するということです。

彼の相場師としての「武勇伝」の中で引き込まれたものの一つに、二・二六事件のエピソードがありました。

一九三五年一〇月にイタリアとエチオピアが戦争を始めます。イタリアはこの戦争で勝利を収めるものの、国際的な孤立を深めることになり、日本とドイツとの日独伊三国同盟へとつながっていきます。

当時、戦闘が始まったことをきっかけに日本では株高が続いたのですが、彼はそこでこんな疑問を抱いたと書いています。

〈「戦争は買い」というわけである。しかし、私にはどうも理解しがたかった。日本から遠くはなれたアフリカで起きた植民地をめぐる戦争である。とくに、日本の経済にプラスをもたらすはずもないのに、市場はこれを材料にはやしたてている〉

一斉に株高が続くなかで、彼は株の空売りを始めます。

そこには彼なりのロジカルな思考があったわけですが、しかし、いくら理屈をこねてみても、市場は理屈通りには動きません。株価は天井を打つことなく上昇を続け、彼は相当な冷や汗をかくことになりました。

〈売りの山種である。こんな場面は一度や二度ではあるまいし、慣れているから大したこともないだろう、と思う人があるかもしれない。どうして、どうして、何べん経験しても、こんな時の気分は決していいものじゃない。ジリジリ、イライラする。不安感におそわれることもある。血の小便が出る〉

読んでいるこちらまではらはらしてきます。

そうして一九三六年の二月、彼は空売りからの撤退を決め、〈もともと裸ではじまったのだから、あらためて、出直せばいい〉と諦めの境地になります。このとき、彼は完全に「負け」を覚悟していたのです。

ところが買い戻しを始めた翌日の二月二六日、青年将校らによるクーデターが起こったのです。

この二・二六事件によって株式取引所の立会《たちあい》は中止され、再開されたのは反乱軍が鎮圧された後の三月一〇日のことだったそうです。

立会が中止されている最中も、山崎種二は〈勉強の意味もあって、交替で店員を現場近くまで見にやったりした〉としていますが、もちろん今後の相場を考える意味もあったのでしょう。彼は市場の再開とともに売りを浴びせ、新内閣の財政政策の修正、増税や経済統制の強化の声明も相俟って、三月下旬まで株価は下がり続けました。

さらに、売られ過ぎたタイミングを見計らって今度は買いに転じ、五〇〇万円もの利益を収めたそうです。

〈それは、あまりにも凄惨な世界であった〉と彼は表現しています。

〈とても耐え切れぬような緊張の毎日でもあった。まさに、シマと呼ばれ、相場師の戦場にふさわしい別世界であることを今さらのように感じたのである。もし、自分が敗れていたらと思うとなおさらであった〉

ついひと月前まで、裸一貫で出直そうとしていたのですから、こうした表現は決して大げさではありません。その後、彼は二・二六事件を起こした反乱軍と通じているのではないかと噂され、憲兵から取り調べまで受けたというのですから、何とも凄まじい話です。

こうしたエピソードを、僕は昭和という時代の裏面史として、非常に興味深く読みました。

二・二六事件といえば、これまでに山のように資料や本が出版されています。しかし、あのような政治的・歴史的事件も、相場師の目から見ると「あれで救われた」という話になる。

なるほど、相場を張っている人、あるいは当時において株を空売りしていた人からは、あの二・二六事件がそのように見えるのか、という面白さがそこにはありました。

彼のような立場から二・二六事件の一シーンに触れると、歴史というものは決して一筋縄では理解できない奥の深さがあるものだと、あらためて思います。

山崎種二の生涯は、いわば「相場師から見た日本の近現代史」。歴史というものは見つめる角度が異なると、全く違った様相を見せる。彼の自伝は歴史を学ぶことのそんな醍醐味を教えてくれるものでもありました。

第六章

〝世界の真珠王〟御木本幸吉

御木本幸吉／みきもと・こうきち

一八五八年、現在の三重県鳥羽市の代々うどん屋を営む家に生を受ける。少年時代には行商などで家計を助けた。やがて海産物の取引を手がける。真珠貝の乱獲による絶滅を危惧して、養殖に着手。東京帝国大学の箕作《みつくり》佳吉《かきち》らの指導を受け、一八九三年に現在の鳥羽市真珠島で真珠養殖に初めて成功する。半球型の半円真珠を売り出すために東京・銀座に御木本真珠店を開店して、一九〇〇年のパリ博覧会など国内外の博覧会に積極的に出品した。一九〇五年には天然真珠と同じ形の真円真珠の養殖法を確立し、世界中に販路を広げて「真珠王（パール・キング）」と呼ばれた。九六歳で他界するまで真珠の生産販売に尽力した。

【評伝】世界中の女性の首を真珠でしめる

無数の真珠をあしらった工芸品が、ショーケースに飾られていた。五重塔や地球儀、そしてアメリカ独立の象徴である自由の鐘などがスポットライトを浴び、白銀に輝いている。

一九三九年に開かれたニューヨーク万国博覧会に出品された自由の鐘のキャプションボードには〈真珠12、250個、ダイアモンド366個を用い「百万ドルの鐘」としてアメリカの人々を驚かせました〉と記されている。ちなみに五重塔には一万二七六〇個の、地球儀には一万二五四一個の真珠が使われているという。

「いまの私たちにとって真珠は、身近な宝石になりました。しかし、天然真珠しかなかった時代に、これだけたくさんの真珠を使った工芸品を見た人たちは本当に驚いたと思いますよ。これは誰が作ったんだ、と」

真珠博物館館長の松月清郎さんは工芸品の展示スペースに目をやった。三重県鳥羽市の真珠博物館は、鳥羽湾に浮かぶミキモト真珠島に立つ施設である。

これは誰がつくったんだ——その問いの答えが、御木本幸吉。世界で初めて養殖真珠の生産に成功して真珠王と呼ばれた男である。

真珠は古来、世界中の王侯貴族の装身具として珍重されてきた。しかし御木本が真珠の養殖に成功するまでは、ごくまれに見つかる天然の真珠しか存在しなかった。一〇〇〇個の貝を割り、一粒見つかるかどうか。王侯貴族だけが手にできる高価で貴重な宝石だったのである。

「世界中の女性の首を真珠でしめてごらんにいれます」

一九〇五年、明治天皇に拝謁した御木本はそう豪語したという。養殖には成功していたが、事業化のとば口に立ったばかりの時期である。世間は、御木本の言葉をホラやハッタリとして受け止めた。まさかそんなことができるはずはないと誰もが思った。しかし、いまや真珠はグローバルスタンダードな宝石として女性たちの首もとを飾っている。

一八五八年、御木本は鳥羽のうどん屋「阿波幸《あわこう》」の長男として生まれる。鳥羽には大金持ちが二人いた。御木本少年は、だったらせめて鳥羽で三番目の金持ちになれれば、と考えていたと伝わる。当時の鳥羽は、江戸と上方の中間地点としてたくさんの船が入港する港町だった。幕末には国内だけでなく海外の情報もたくさん入ってきた。

そんな開かれた港町で、御木本は早くから商才を発揮した。御木本少年はうどん屋の傍ら青物の行商を行った。父が病弱で、うどん屋だけでは生活が苦しかったからだ。

大英帝国の軍艦が鳥羽に入港したのは一八七五年のことである。鳥羽の商人たちは小舟で軍艦に近づき、商品を売り込んだ。しかし水夫たちは相手にしない。商人たちが陸に引き返すなか、一七歳の御木本は船に仰向けに寝そべり、得意の足芸を披露した。水夫たちは、御木本を甲板に上げて、全ての商品を買うほど喜んだ。

そのアイディアと商魂、そして派手なパフォーマンスは、無数の真珠をあしらった工芸品で海外に打って出た、のちの真珠王を彷彿とさせる。

山師じゃなく大海師

二〇歳の御木本は東京、横浜に視察の旅に出る。横浜では、中国人の商人が、干したアワビやナマコなどの海産物を取引していた。なかでも彼が注目したのが、真珠だった。鳥羽では考えられないほどの高値で売買されていたからだ。鳥羽に戻った御木本は、さっそく海産物商に転身する。

真珠はアコヤガイなどの体内で生成される。しかし当時アコヤガイは乱獲され、数が減っていた。御木本は、このままでは伊勢志摩の真珠には未来はないと危惧を抱く。

「真珠は鳥羽の特産ではありましたが、当時はせいぜい海女さんが獲るくらい。そんななか、まず幸吉は真珠貝を増やすことから取り組みました。真珠貝をたくさん育てれば、その分、真珠が取れる割合が高くなるだろうと考えたのです」と松月さんは解説する。

御木本は大日本水産会幹事長の柳楢悦《やなぎならよし》に相談して、アコヤガイの増殖に取り組んだ。貝の数は増えたが、真珠が見つかる割合が変わるわけではない。しかも数が増えれば増えるほど世話に手間がかかる。もっと効率を上げられないか、と御木本は頭を悩ませる。

「まだ、人の手で貝に仕掛けをして真珠を増やそうなんて、誰も考えていなかった時代です。そんななかで幸吉は様々な人と交流し、無手勝流《むてかつりゅう》で模索していきました」と松月さんは続ける。

柳は、真珠の増産に情熱を傾ける御木本に東京帝国大学の水産動物学教授の箕作佳吉《みつくりかきち》を紹介する。

「真珠を人間の手で作ることはできるでしょうか」という御木本の問いに箕作は応えた。

「理屈から言えば、可能です。けれど、まだ誰も成功していません」

貝の体内で真珠が作られる仕組みを教わった御木本は、妻とともに人工真珠の研究を始めた。真珠には芯がある。貝の体内に芯を埋め込んだらどうだろうか……。鉛玉や陶器、ビーズ、ゴムなどで試したが、うまくいかない。試行錯誤の最中、養殖を行っていた英虞《あご》湾《わん》を赤潮が襲う。手塩にかけて育てた真珠貝が全滅してしまったのだ。それでも御木本夫妻は諦めずに実験を繰り返した。地元の人はそんな御木本を「山師」とさげすんだ。そのたびに御木本は「山師やない。わしは大海師や」とハッタリを利かせて反論した。

箕作との出会いから三年の歳月が流れた。

一八九三年七月一一日、夫妻は相島《おじま》（現在のミキモト真珠島）で育てていた貝を引き上げた。長男の御木本隆三は評伝『御木本幸吉』で、このときの様子を次のように記す。

〈「あッ真珠！」

父は、おそろしいものを見るように、声もなく眼をやった。まさしく母の掌にあるその貝の中には、真珠がきらめいていた。なんという柔かな虹色の光であろう〉

それは貝殻の内側に半球状に形作られた半円真珠だった。御木本はまん丸い真円真珠の生産を模索する一方、英虞湾に半円真珠の養殖場を作り、東京銀座で御木本真珠店を開業する。さらに半円真珠を国内外の博覧会に積極的に出品し始める。

広告より記事になること

念願の真円真珠の完成は一九〇五年のことである。けれども、真珠という素材だけでは、日本の真珠養殖業は世界に通用しない。そう考えた彼は一九〇七年アクセサリー製作を行う御木本金細工工場を創設する。常に海外のマーケットを意識する御木本を「商売人として西欧に眼を向けたのは必然だったといえるでしょう」と松月さんは語った。

「幸吉は福沢諭吉の『西洋事情』を愛読していました。幸吉は商品をただ並べるだけでは面白くないと、海外の博覧会で真珠を大量に使ったアイキャッチャーを出品した。それが自由の鐘であり、五重塔でした。広告を出さなくても、誰もが驚く面白い物を見せれば話題になると知っていたのです」

御木本は広告には金を一切払わなかったという。その流儀は自身の実体験に由来する。時計の針を二〇歳の東京・横浜旅行に巻き戻す。

東京からの帰路、静岡県の峠道を一緒に歩いていた男が突然苦しみだした。御木本はとっさに薬を口移しで飲ませて介抱した。その機転で男は一命を取り留める。この出来事は静岡だけでなく、鳥羽や東京の新聞でも美談として記事になった。御木本幸吉の名も活字となり、ふるさとでも話題となる。広告に金を払わず、新聞が取り上げたくなる話題を提供する。御木本のPR方法は、この体験の賜《たまもの》だったのだ。

そんな御木本の面目躍如となったのが一九三二年の真珠の火葬である。この時期、日本全国に真珠養殖業者が増えて粗悪な真珠が出回り、海外市場から苦情や非難が相次いだ。そこで、日本真珠水産組合の組合長に就任した七四歳の御木本は、神戸の商工会議所前で不良真珠七二万個を焼却する。外国人がたくさん暮らす神戸で大々的に行った影響もあり、海外メディアは真珠の品質を守る「パール・キング・ミキモト」をこぞって取り上げる。

「だからいまも海外ではパールといえば、ミキモトなのです」と松月さんは言う。

「真珠は他の海産物とは違って消耗品ではありません。宝石だから品質を維持して数をコントロールしないと価値が担保できなくなる。幸吉は、不良真珠を燃やすことで日本の真珠のブランド価値を守ろうとしたのです」

ホラも実行すれば真

日本の真珠王から世界の「パール・キング」へ。知名度が高まってもふるさと鳥羽が御木本の足場だった。相島を真珠ケ島と名付け、観光用のミニ養殖場を作ったのは一九二七年のことである。昭和初期、真珠ケ島は、日本を訪れた外国人旅行者にとってもっとも有名な観光地の一つだった。

「幸吉はこの島で、渋沢栄一が提唱した民間経済外交を実現したんです」と松月さんは指摘する。それは戦後も変わらない。休日になると駐留軍の将校とその家族たちが真珠ケ島に足を運んだ。マッカーサー夫人をはじめ、米軍高級将校と家族たちがアメリカでも知られる「パール・キング・ミキモト」に面会を求めて、鳥羽の真珠を買い求めた。

「御木本幸吉を語る上で、ふるさとへの貢献を忘れてはいけません。幸吉は自然環境を守らなければ、真珠産業は発展できないと考えていました。自然や景観を守ることが鳥羽の、そして日本の観光産業につながるんだ、という信念を持っていました」

御木本は「わしは日本中を公園にしたい」と語り、ふるさとの環境保全とともに交通整備やトンネル開削などを行って伊勢志摩国立公園の誕生に力を尽くした。

そうした御木本の生き方に脈打つのが、寺子屋時代に学んだ二宮尊徳《にのみやそんとく》の思想である。

二宮尊徳は農地や山林を開墾し、山野が持つ力を最大限に活用して、農民の生活を立て直した。一方の御木本は「わしは海の尊徳だ」と公言した。そして、誰も考えもしなかった真珠の養殖を苦心の末に事業化して、鳥羽に産業と富をもたらした。そして一九五四年に九六年の人生を終えるのである。

〈ホラ吹きも実行すれば真となり〉

いくつもの名言を残す御木本のパフォーマンスやサービス精神を象徴する言葉である。「わしは海の尊徳だ」も「日本中を公園にしたい」も、そして「世界中の女性の首を真珠でしめてごらんにいれます」も、ホラと捉えられてもおかしくない。だが、彼はホラをホラで終わらせなかった。いや、勝算があったからこそ、口にしたに違いない。何よりも御木本の言葉には、ユーモアとふるさとに対する愛情が込められている。だからこそ、人は御木本の功績を称えて真珠王と呼び、親しんだのである。

【解説】誰よりも早く「マーケティング」の価値に気付いた

「ミキモト」という真珠のブランドは、いまも昔も世界で通用しています。ヨーロッパでもシャネルやプラダ、グッチといった名前と肩を並べるように、日本人の名前が冠された宝飾品の伝統的なブランドがある。それは僕たちにとってとても誇らしいことだと思います。

その「ミキモト」の創業地である三重県の鳥羽という港町に、みなさんはどのようなイメージを抱いているでしょうか？

いくつもの島が点在する風光明媚な海、水族館、山崎豊子さんの『華麗なる一族』で描かれた、G7サミットの舞台にもなった志摩観光ホテル――。

どちらかといえば、それほど大きくはない静かな観光地、という印象を持っている人がほとんどではないかと想像します。

同じ三重県の出身である僕自身、鳥羽といえば素朴な観光地だというイメージを持っていました。だから、なぜそのような町から「ミキモト」という世界的なブランドの企業が出てきたのか、以前からとても不思議に感じていました。

そのため大林日出雄著『御木本幸吉』を読んでまず驚いたのは、創業者である御木本幸吉が生まれた明治時代、鳥羽は下関と並んで称されるほどの大きな港であったという記述です。

鳥羽は近世から軍港として栄えてきた場所で、海上輸送の発達した江戸時代には〈遠州灘と熊野灘のふりわけ点にあるこの港は、江戸と大坂を航行する回船の避難・停泊・薪水補給のための港としても発達〉。また、幕末になると伊勢神宮に近接する港でもあることから、湾内の島には砲台が築かれたそうです。

鳥羽は戸数にすればわずか三〇〇ほどの港町でしたが、〈いやが応でも外国に対する新しい知識を持たざるを得なくなった〉という土地柄だったのです。つまり、当時の鳥羽は外の世界、明治以降は「海外」との窓口でもある開かれた港町であり、そうした視点で見ると「ミキモト」という世界的ブランドの発祥地となったのも、実は不思議なことではないという気がしてきます。

好奇心と「なぜ」を問う姿勢

そんな鳥羽の町に生まれた御木本幸吉の実家は、もともとは、うどん屋さんを営んでいました。

うどん屋さんというのは、とても大変な仕事です。

朝は暗いうちから起きて粉をひき、一家総出で準備をし、夜遅くまで働いてもそれほど儲からない。一杯八厘のうどんをいくら売ってもたかが知れていると思った御木本幸吉は、一三歳で家業を手伝いながら青物の行商を始めます。

上海に密航した梅屋庄吉（第一章）もそうでしたが、実に商売に対して早熟な印象を受けます。さらに、一度商売を始めると、それをいかに成功させようかと貪欲に考えずにはいられない性格も、彼らの共通点でしょう。

後に述べる通り、「ミキモト」の養殖真珠を世界中に売り出していくに当たって、彼は「ブランドイメージをいかに作り上げるか」に徹底的にこだわりました。そのなかでマーケティングの才能を次々に発揮していくのですが、面白いのはその片鱗が少年時代のエピソードからも窺えることです。

彼が行商をしていた一七歳の頃、大英帝国の軍艦が鳥羽に来た際のエピソードを大林さんは紹介しています。

そのとき、地場の商人たちが小舟で商品を売り込みに行こうとするのですが、水兵たちは彼らを全く相手にしようとしない。そんななか、御木本幸吉はみながすごすごと引き上げるのを横目に、昔から得意だった足芸を水兵たちに披露するのです。

すると、商人たちを無視していた水兵たちは喜びます。それはそうでしょう。小舟に乗った若者が近づいてきたと思ったら、奇妙な芸をいきなり披露したわけですから。その後、彼だけが甲板に上げられ、品物を全て買ってもらった挙句に軍艦への出入りの許可も貰ったそうです。

こうしたエピソードを読むと、御木本幸吉という人が子供時代から天性の演出家であったことが分かります。晩年になっても彼はこの足芸をときどき披露して、周囲の人たちを驚かせていたようですから、とにかく人を驚かせるのが大好き、明るくて自己顕示欲が強い人だったのでしょう。

その目立ちたがり屋の性格と「商売」に対する意識の高さが組み合わされると、ビジネスを力強く進めていく原動力に変わります。

感心するのは、青物の行商をしていた彼が、青物からより儲かる米へと商材を変えた後、さらにいち早く海産物へ目を向けていったことです。

二〇歳のときに関東のいくつかの都市を旅行した際、彼は東京を訪れた後に横浜と横須賀に立ち寄ります。そのとき、港で中国人の商人が、イリコやフカヒレ、干しアワビなどの海産物、いわゆる「俵物《たわらもの》」を非常に高い金額で買っていることに気付きます。真珠が実は海外では高値で売れることを知ったのも、このときでした。

江戸時代から日本の輸出品といえば金や銀、それが掘り尽くされた後は別子銅山で取れる銅、それに加えてこの「俵物」でした。

ちなみに、中国でそうした珍しい海産物が貴重だったのは、清の六代目の皇帝、乾隆《けんりゅう》帝《てい》が満漢全席を始めたことに由来する、といわれています。この宮廷料理が時代を追うごとに洗練され、最終的には数日間にわたって珍しい料理を食べ続ける、といった贅沢なことをし始めるわけです。そのなかで、干しアワビやフカヒレなどの俵物を外国人が高く買うようになっていった。

横浜や横須賀で海産物が高く買われていく様子を見て、御木本幸吉はそこにビジネスチャンスを見出しました。それは彼が同じ港町の鳥羽の出身であったことも大きいと感じますが、それ以上に常に好奇心を持って世界を見つめる姿勢があったからだと僕は思います。世の中には港を歩いていて「へえ、干しアワビか」とただ通り過ぎる人と、「なんでわざわざ干したアワビを高く買うんだろうか」と立ち止まって考える人がいます。ビジネスで成功するのは当然ながら後者のタイプで、御木本幸吉もその一人でした。彼が鳥羽で当たり前のように獲れる「真珠」の価値に気付いていく過程は、好奇心と「なぜ」を問う姿勢の大切さを表すものでしょう。

そして、明治期のこの時代、「港」という場所が彼のような若者をどれほど育んできたか。早くから「海外」に目を向けていく彼の姿勢は、まさしく「港町」の気質。その意味で当時における「港」の重要性を、あらためて教えてくれるエピソードでもあるでしょう。

まるでアメリカの実業家

そのように真珠の可能性に気付き、鳥羽を舞台に養殖を始める御木本幸吉の生涯で、とりわけ強く印象に残ったことがありました。

それは養殖真珠の技術を高めるに当たって多くの研究者の力を借りる一方で、彼らの「手柄」を最後には自分のモノにしてしまう、というある種のえげつなさです。

水兵に「足芸」を見せて取り入ったように、自己顕示欲の強い野心家である一方、彼には周囲の人たちが思わず協力をしてしまうような、どこか憎めない可愛げも感じられます。

大きな成功を収める起業家というのは、周囲にいる様々な人材にチャンスを与えてもらい、それを活かしていくものです。彼は研究熱心で素朴な研究者たちを、おそらくそうした可愛げによって自分の味方にして、かなり意識的に利用しようとしたのではないでしょうか。

利用できるものは何でも利用する。自分のプライドや理念などとは関係なく、可愛がられた方が得だ、という徹底したリアリズム――。

そんな視点で御木本幸吉の人生を見ていくと、僕は「あの時代にこんな、アメリカの実業家のような人が日本にいたんだ」との感想を抱きました。

御木本幸吉が「ミキモト・パール」を売り出していく過程では、行政による真珠の規制、漁場をめぐる地元住民との軋轢《あつれき》やライバルたちの登場など、多くの障壁がありました。

しかし、彼は何か課題が生じる度に、政治もメディアも特許も総動員し、自分の得になるものは何でもやるという精神で突き進んでいきます。九〇歳で迎えた日本の敗戦時、鳥羽の真珠養殖場の船着き場にアメリカ国旗を掲げ、占領軍の将校の前で得意の足芸を披露したというなりふりの構わなさは、彼の面目躍如といったところではないでしょうか。

理念や信念などは二の次で、使えるものは何でも使う姿勢。加えて「これだけは俺がやるんだ」という異様なほどの熱意が、僕にはアメリカの実業家を彷彿とさせるのです。

例えば、グラハム・ベルは電話の発明者として知られていますが、実は電話の技術を発明したのはイタリア人のアントニオ・メウッチという人でした。しかし、メウッチがその発明の商品化に手間取っているうちに、それを横で見ていたベルが特許を取ってしまうわけです。

またあのウォルト・ディズニーも著作権の延長を政治家に働きかけるなどしています。成功した著名な実業家のなかには、様々な制度を上手に「悪用」して、成功をわが物にしてしまうある種のえげつなさが多かれ少なかれあるものです。

御木本幸吉の時代、日本における特許という制度は、一部の学者や発明家の世界のものだったと思います。

しかし、彼は学者でも発明家でもないにもかかわらず、周囲で自分を手伝ってくれていた研究者たちを使ってそれを自分のものにしていく――その大胆さにはちょっと呆れるほどのものがありますが、彼は特許というものがビジネスの世界において、自分の事業の「独占」を担保する重要なものであることに気付いていたのです。

〈幸吉は、権威をおそれないばかりか、逆に可能な限り権威に近づきそれを利用した男であり、その言動は人の意表をつき派手である。しかしその言動は商人としての綿密な打算と計画の上に立てられたものであった〉と、大林さんは総括しています。

要するに、御木本幸吉には商売人としての強烈な打算があり、技術はあるけれど商売のセンスのなかった研究者たちは、その欲望に飲み込まれていった。御木本幸吉にとって彼らは商売のためのコマだったのでしょう。

面白いことに、彼は後に真珠養殖の功績で勲章までもらっています。そうなると学者たちが何を言っても「真珠といえば御木本さん」になってしまうわけですが、彼はそのように権威を上手に使う能力がとても高かった。

その辺りの経緯を見ていくと、例えばアップルが下請けのものづくりを台湾や中国の工場に任せ、ブランド化した最終製品を世界中に売っている仕組みにもよく似ている気がします。ですから、もしシリコンバレーの起業家たちが御木本幸吉の評伝を読んだら、「なんだ、俺たちと同じ感覚じゃないか」と思うかもしれません。とても新しい発想と感覚を持った人が、明治時代の日本にはいたのだという実感が湧いてきます。

ただ、その成功の過程を知ると同時に、世界中の人たちがいまも喜ぶあのきれいな真珠には、御木本幸吉だけではなく、無名の多くの日本人の汗と努力が込められていたことを、やはり僕たちは理解しておかなければならない、とも思います。

そして、彼はパフォーマンス好きのただのほら吹きではなく、養殖技術がまだ不完全だったときは一銭の収入もない状態で、「真珠」を信じ抜いた人でもありました。その期間は三年にもわたったというのですから、成功の陰にあった創業者としての我慢強さにも注目しておくべきでしょう。

広報理論の教科書

それにしても、協力してくれた技術者の手柄を、結局は上手に全て自分のものにしてしまった御木本幸吉は、前述したようにとてつもないマーケッターでした。

彼はメディアを使って自分を演出することが得意ですが、そのきっかけとなったエピソードには興味深いものがあります。

それは先述の横浜・横須賀などを訪れた旅行の帰り道のこと、静岡辺りの街道で彼は石川素十郎というお茶の商人をひょんなことから助けたのです。石川が道端で意識をなくしてしまい、丸薬を口でかみ砕いて飲ませたところ、息を吹き返したというのです。

面白いのはその後、このエピソードが新聞で報道されて全国に広まった後の御木本幸吉の対応です。その際の彼の「気付き」について、大林さんは次のような晩年の言葉を引用して紹介しています。

少し長い孫引きになりますが、彼の本質を知る上で大切な箇所なので引用してみたいと思います。

ここで（この人命救助事件で）ワシは一つの悟りを得たといえる。ワシは自家広告というものはきらいだから未だかつて新聞雑誌に一行の自家広告も出していない。しかしある事柄か、ある人物が活字となり輪転機にかかり直面目な新聞記事として紹介されると、これは大変な宣伝力を発揮することは十分に知っているのである。然るに今までもそうであったが、とくに敗戦後のこのごろは、ワシの養殖場にアメリカをはじめ世界各国の人達がどしどし押しかけて来て下さる。この人達が自分の国に帰ってワシのことをしゃべる、映画班が来てワシと事業を映して帰る、アメリカ最大の娯楽誌ライフがワシの事を書く、星条旗紙が、ビーコン紙が、そして世界中の新聞雑誌がワシの事を書くのである。この偉大な宣伝力にワシは一文の広告料も払っていない。……思えば、その昔ワシが石川素十郎を救助したということは神さまがワシに活字と輪転機の偉力を知らしめた……。（加藤龍一著『真珠王』）

非常に迫力のある肉声であり、同時に彼の「メディア観」を余すところなく伝えている言葉だといえるでしょう。

大林さんも〈わずか二十歳の田舎の青年が、まだマスコミ論や広告論のあまりさわがれなかった明治初年に、活字と輪転機の威力と利用価値を的確に握っているのは、彼の商人としての根性が平凡なものでなかったことを物語るものである〉と評していますが、僕も全く同感でした。

実業家としての御木本幸吉の手法で驚くのは、あの時代に生まれた彼が現代における企業広報やマーケティング理論の基本をしっかりと押さえていたことです。

人命救助のような美談が新聞で報じられても、普通は「新聞に載って良かったな」と思うだけでしょう。ところが彼は当時において「あ、これか」と気付き、それが商売にいかに役立つものかを直観で理解している。

マーケティングの基本は、記事は誰かに書いてもらって初めて、大きな宣伝効果を生むというものです。広告よりも第三者による客観的な記事こそが、消費者を引き付ける。だから、現代の企業広報は広告での宣伝ではなく、いかにして雑誌やテレビなどに取り上げてもらうかに血道をあげているわけです。

その現代の広報理論の教科書に載っているようなことに、明治の初期の段階ですでに気が付いていたところが、彼の商売人としてのセンスの高さなのです。

「ミキモト」を世界に

実際、後に「ミキモト」を世界に通用するブランドにしていこうとする中で、彼はこの手法を様々な形で意識的に活用していったように見えます。

具体例を挙げてみましょう。

・まだ不完全な養殖真珠をパリで加工し、イングランドの王室にプレゼントする
・銀座の表通りに店舗を置いて東京へ進出
・世界中の博覧会への採算を度外視した出展……

また、明治天皇に会う機会を得た際に、制限時間を過ぎても延々としゃべり続け、「世界中の女性の首を真珠でしめてごらんにいれます」などと話したというエピソードなども、その一つに数えられるでしょう。ちなみにこれは嘘か本当かは分からない話だそうですが、その真相を知っているはずの彼が「ミキモト」の名を高める報道だと認識し、それが報じられるままに任せているところも心憎いものがあります。

それからもう一つ、検査の結果として不合格になった真珠を神戸に持ち込み、石炭箱に入れてスコップでザクザクとすくって燃やした、というエピソードもなかなかスゴいものがありました。

そのときの彼は山高帽に紋服姿で、「出来の悪い真珠はこうして燃やしてしまうのです」と言ったそうですから、このパフォーマンスの徹底ぶりには言葉を失います。つまり、彼は常に書かれることを意識して、真珠といえば「ミキモト」ということを世の中に定着させていこうとしていたのです。

ブランドをPRするためには経済・文化の中心である東京、それも銀座の一等地でなければならないという発想。

博覧会への出店は赤字であったはずですが、それでも常に出店し続けて他の海外の有名ブランドと一緒に「ミキモト」の名を見せつけるという姿勢……。

こうした手法の一つひとつが、まさしく「輪転機」によって伝えられていくことで、全くの無名だった「ミキモト」の名が世界中に広がっていった――。僕は評伝を読みながら、ブランドを作るというのはまさにこういうことなのだ、と思いました。

ブランド・ビジネスとは何か

どんなにお金がかかっても、世界の檜舞台で名を売り、一流の場所には必ず「ミキモト」の名を彼は並べようとしました。ファッションでいえばパリコレやミラコレに出して、箔を付けるのと同じ発想です。その投資の積み上げがあったからこそ、彼の名を冠した真珠はまさしく百年後のいまも、ちょっとのことでは揺るがないブランドであり続けているわけです。

そこから学び取れるのは、ブランドとは長期的な戦略によって作り出されるものだという事実です。

一からブランドを築こうと思ったら、思い切った先行投資が必要になります。そして、それを一流のものにしたければ、一流の場所に出ていく攻めの姿勢を常に貫かなければならない。

彼の場合は、それが銀座であり、皇室であり、イギリス王室や世界中の博覧会だったのです。

また、「ミキモト」の歴史は、「ブランド」を作ることが、その事業にとってどのようなメリットを生むかも教えてくれます。

御木本幸吉が自らの真珠養殖業によって実践してきたのは、徹底した独占戦略でした。特許と技術を独占し、鳥羽の漁場を独占し、市場の全てを独占しようとしたのです。

しかし、その手法はどれも強引なものであったため、たとえ一時的には政治家や権力に頼ってうまくいっても、社会制度が整ってくると次第に独占は破られていきました。おそらく彼本人は独占が崩されていくことを悔しいと思ったはずです。

しかし、結局は養殖真珠の自由化が進められて競争が生まれることで、技術的な進歩が成し遂げられ、そのメリットを最も受けた「ミキモト」が、その名をさらに大きくしていった。営業の自由が市場にもたらされると、一獲千金を狙った粗悪な真珠が出回るようになり、結果的に「ミキモト」のブランドがより高まることになったのです。

このようにブランドは、その世界に競争が生まれたときに、より真価を発揮するものなのです。

こうした御木本幸吉のブランド戦略は、例えば彼の評伝をフランス語に訳してルイ・ヴィトンの総裁に渡したら、思いのほか感動してもらえるものなのではないかと僕は想像します。鳥羽のうどん屋さんの息子が「世界のミキモト」になっていく。その物語から読み取れるのは、ブランド・ビジネスとは何かという、その本質であるからです。

彼は足芸を外国人の前で見せるようなパフォーマンスをして、財界からは少しキワモノのような扱いを受けていたかもしれません。しかし、いまその生涯を振り返ってみて実感させられるのは、彼が現代的なビジネスのセンスを持つ稀有な日本人であったということでした。

あの時代に、二一世紀におけるブランド戦略と同じような手法を駆使し、日本を代表する伝統工芸品のブランドを作り上げた人物がいる――その事実はビジネスでの成功を目指す人や、起業して世界に雄飛することを志す若い世代を、間違いなく勇気づけるはずです。

最終章

〝庭園日本一〟足立全康

足立全康／あだち・ぜんこう

一八九九年、現在の島根県安来市生まれ。一五歳の頃に木炭運搬の途中、余分に仕入れた炭を小売りするという商売を思いつき、事業家としての一歩を踏み出す。戦後、大阪を拠点に不動産や繊維関係など、様々な事業を興して一代で財を成した。事業の傍ら、以前から関心を抱いていた近代日本画の収集を始め、美術品コレクターとして名を馳せる。そして一九七〇年、ふるさと島根県の文化発展のために財団法人足立美術館を創設。その八年後、名古屋で行われた横山大観展で見た「紅葉」に言葉も出ないほどの感銘を受け、大観の作品群を一括購入して足立美術館の基盤を作った。足立美術館の庭は「庭園日本一」と呼ばれる。一九九〇年、九一歳で逝去した。

【解説】生き方そのものがＭＢＡの教科書になる

最後に、戦前の大富豪ではありませんが、どうしても紹介したい人物が、足立全康です。僕が島根県安来《やすぎ》市にある足立美術館を訪れたのは、いまから一五年ほど前のことでした。出雲で一宮をはじめとする神社をいくつか訪ねた帰り、時間が余ったのでふらりと安来駅で降り、足立美術館に行ってみることにしました。島根に「日本で最も美しい庭園」といわれる美術館があると聞いていたので、「どんなものだろう」と軽い興味を抱いたからです。

それが実際に美術館に足を踏み入れて驚きました。とにかく広いし、美しい。しかも館内には横山大観の絵が山のように展示されていたのです。

これを足立全康という実業家が個人でつくったというのですから、いったいどんな人物だったのだろう、と興味が湧いてきました。

足立全康という人は自伝『庭園日本一　足立美術館をつくった男』を読むと、ある意味では非常に分かりやすい人だといえるでしょう。

お金を儲けて、女性と遊んで、立派な家をつくるという「立身出世」の物語。

資産の多くは戦後の大阪での不動産業で形成したとされています。

とりわけ大阪駅周辺の土地の買い占めは徹底したものだったようです。何しろ市役所から「もう十分に儲けたでしょう」と言われて手を引いたという記述があるくらいですから、けた違いに土地を転がしてお金を稼いでいたことが窺えます。足立美術館の元手となったのも、その資金だったのでしょう。

ただ、僕が彼の人生の「立身出世」の物語に感銘を受けたのは、彼がどのようにお金を儲けたかという話に対してではなく、「根っからの商売人」ともいえそうなそのバイタリティに、深い感動を覚えたからでした。

例えば、彼は戦時中には刀を製造する会社を作り、一方では敗戦に備えて山を買っていたような人でした。実業家としての生涯を通して、商売をころころと変えては成功したり失敗したりする様子は、まさにファーストリテイリングの柳井正さんの「一勝九敗」の価値観を地でいくかのようです。

とにかくお金が大好きで、儲かるのであれば何でもやる。当てが外れたら、「じゃあ次」とばかりに諦めが実に早い。これは「見切り千両」の姿勢がしっかりしているということで、こうした商売のセンスがない人は、損をするとぐずぐずといつまでも失敗した事業にこだわってしまうものです。彼はそうではなく機を見るに敏な人なのです。

負けたときから始まる

その片鱗は彼の少年時代のエピソードにすでに表れています。

少年時代、貧しい小作農家に生まれた彼は、あるときから車を引いて炭を売って歩いていました。

しかし、そこには馬車を持っている商売敵がいて、彼が一二俵を運ぶうちに相手は一気に六〇俵を運んでしまう、という状況がありました。馬と人が競走しているのですから、体力面でも儲けの面でも大きく差がつき、そのままでは勝てるわけがありません。

その歯がゆさのなかで、彼は早くも「商売」というものの原点に気付き、「小売り」をしようと思いつくのです。

相手は金持ちで馬を持っており、自分は足で車を引いている状態は、同じ商売をしている限り「負け」です。

しかし、大手企業に絶対に勝てない状況のなかで、多くのベンチャー企業は「では、どうすればいいか」と考えることで、様々な活路やイノベーションを見出してきました。

彼もまたその例にもれず、小回りが利く「小売り」に活路を見出し、それを新しいビジネスにしていきます。新しいビジネスは、負けたときに始まるということを、幼い頃から体得しているところにほとほと感心します。

荷物を小売りして歩き始めた後も、彼はすぐに行きで炭を運び、帰りは向こうで仕入れた野菜を荷車に積んで戻るやり方を自ら考え出しました。

空気を運ぶのであれば、一円でも売れるものを載せて回転率を上げた方がいい。それで赤貝を仕入れて売ったら、同時に大根やイモを仕入れて帰ろうと頭を回す。そうした思考が幼い頃からできる人だったのです。

また、もう一つ印象的なのは、炭団《たどん》を売る商売をしていたときのエピソードです。

彼は丁稚奉公をするなかで、炭団の商売の旨味が、原価の安さにあると子供ながらに気付きました。

原価が安く、かつ人々の生活の必需品であるから、身体が真っ黒になることさえ我慢すれば利益率が高い。

こうした発想はまさにビジネスの基本であるわけで、彼はそうした基本を肌で学んでいこうとする姿勢が一貫している。

いつもラン&テストを繰り返し、どうすれば商売が成り立つかを、頭を高速回転させながら考え、何としても次に生かそうとする。その様子を見ていると、ただ指示された通りに働くのではない姿勢を、彼が周囲の人たちに比べて突出して持っていたことがよく分かります。

彼はまだ少年だった頃から、誰からもマネジメントやビジネスのやり方を全く教えてもらっていないのにもかかわらず、自分の体験からヒントを得て、実学でマーケットというものを学んでいく癖をつけていたのです。

金は生かして使え

足立全康の自伝には多くの名言が登場します。

〈心が裸の状態のときに受けた衝撃は、一生消えることはない〉

〈一度きちんと儲けさせれば、次からは喜んで金を貸してもらえる〉

〈自分だけ儲けて、人に損をさせるようなことがあっては絶対にだめだということ。相手を儲けさせる気持ち。それさえあれば、トラブルは起きたりしない〉

〈金は生かして使え、というのが私の金銭運用哲学〉

こうした言葉を読んでいると、彼が自らの体験を常に言葉へと直し、その後の行動指針として教訓化してきたことが窺えます。そして、この「名言」の多さにこそ、足立全康という人物を理解する上で、とても重要なポイントがあるように僕は思いました。

なぜなら、この社会では「経験」や「体験」こそが大切だと事あるごとに言われますが、実はそれだけではビジネスでの成功はあり得ないからです。

人生や日々の仕事の中でインプットしたものは、アウトプットしなければ、いずれは忘れてしまいます。「経験」は、それを言葉として一般化することで、初めて血肉化されて身につくものなのです。「自分の考え」を持つとはすなわちそういうことなのです。

〈頼りになるのは社会で学んだ実践哲学だけ。人に何といわれようと、そこで培ったカンというか、ひらめきを武器にして世渡りするしかなかった〉

自伝の中でそう語っているように、彼は商売での成功や失敗、女性との関係など、人生の折々でわが身に降りかかった「経験」を、必ず反芻して自分の言葉として表現してきたのでしょう。

また、彼が繰り返し、学校にほとんど通えなかった自分には「学」がない、と語っているのも面白い。だからこそ、社会そのものを勉強の場と捉え、実地で学んだことを常に自分の言葉へと置き換えようと心がけてきた——という自負がそこには滲んでいます。

確かに足立全康は高校や大学には行きませんでしたが、まさに市場の実相や力学を世間で学び、懸命にノートを取るようにして、自分の考えを整理していきます。自分以外はどんな人でもわが師である、という吉川英治の言葉に共感し、社会の中に身を置く以上、一人では生きられないとの哲学をしっかりと自分のモノにしている。

そうして培った人生訓、そして、九一歳まで元気に生きた健康な身体に、少年時代からの天性の商売のセンスが加わって三位一体となり、彼は大きな財産を築くことができたのです。

仕事上のヒントはないか

その意味では彼にとって目の前にあるマーケットそのものが、いわば大学のようなものだったのでしょう。

馬には勝てない、では、どうするか。

自分も相手も得をするためには、何が必要か。

リスクとリターンの関係とはどういうものか——。

彼が人力で車を引きながら考え、自分のモノにしてきた商売の知恵は、ＭＢＡを取得するための授業で教わるものです。つまり、彼はＭＢＡの教科書に書いてあるようなことを、マーケットの中で自ら学んだ経営者だったといえるわけです。

僕は彼の自伝は日本の大学の経営学の授業でも、活用できるのではないかという気がしました。

例えば、〈金は生かして使え〉という言葉のように、彼は事業を始める際の「借金」のいわば天才でした。お金を借りてレバレッジをかける、という手法はまさにベンチャーキャピタルから資金を調達する起業の基本ですが、足立全康は一度、何かの事業を始めると、アイディアと実行力、それから勘を総動員して、一年後には借りたお金を利息を付けて必ず返すことを繰り返しています。

最初の資金提供者に損をさせなければ、次も再び借りることができる。そうした信用の作り方などは至極当たり前のことですが、自伝を読んでいると、そのような事業をする際の「当たり前のこと」がとても自然に学べるのです。

彼の人生は漠然とした気持ちで読むと、「面白いおっさんだな」という感想で終わってしまうかもしれません。ところが、「仕事上のヒントはないだろうか」と丁寧に熟読すると、たくさんの宝物が詰まっていることに気付くのです。

経営やビジネスに興味のある若い学生の皆さんは、例えばＭＢＡの教科書の副読本の一冊として彼の自伝を読んでみてはどうでしょうか。

この本を読んで「ビジネス上の教訓を挙げよ」という課題を出されれば、一〇個、二〇個ぐらいはすぐに出てくると思います。スティーブ・ジョブズの人生を知って学ぶのと同じように、足立全康の人生でもビジネスの肝の部分が学べます。むしろ日本での出来事が書かれている彼の自伝の方が、身近な事例として吸収しやすいかもしれません。

ひたすら正面玄関から

さて、そのようにいくつもの会社を興し、商売を次々に変えてきた足立全康が、人生の中で一途であった事業が美術館の建設でした。

ここでも「社会」そのものが大学であるかのように学び、行動に移していく姿勢は全く変わりません。

彼は美術館、特に庭や美術品との出合いの原点について、小学生の頃の体験を挙げて説明しています。前述の〈心が裸の状態のときに受けた衝撃は、一生消えることはない〉という言葉は、そのときのものです。

面白いのは、足立全康が美術館や庭園について、全くの素人であったことです。もちろん美術館の運営などやったことがないので、始めたはいいものの十数年間は入館者数が伸び悩んで、ときには「美術館の運営がこれほど難しいとは思わなかった」と弱音を吐いたりしています。

ところが、彼のすごいところは、ジリ貧になったときに、例えば規模を縮小して手じまいを考えるのではなく、思い切って規模を倍にしようと考えてしまう発想力です。しかも驚くべきことに、そのときの目標に「天皇陛下に来てもらう」という大それた夢を掲げてしまうのです。貧すれば鈍するという状況に立たされたとき、思い切った投資をする発想はまさに天性の起業家のものでしょう。

そして、彼は「素人」であることを、長所へと変えてしまう天才でもあったように思えます。

例えば、足立美術館には「生の掛軸」というものがあります。これは床の間の壁をぶち抜いて穴を開け、その穴に透明ガラスをはめ込んで、背景の庭園を山水画に見立てたものです。これを彼は横山大観コレクションと並ぶ足立美術館の名物として、「生の掛軸」と名付けたわけです。

この仕掛けを作る際、彼が「床の間に穴を開ける」というアイディアを提案すると、職員の全員が反対したうえ、施工を担当する大工にも〈とても出来ない相談〉だと断られます。

しかし、彼はここで引き下がらないのです。

かくなるうえは、問答無用。実行あるのみと、私はいきなり壁のまえに立ちはだかった。

「それじゃ、ワシがひとりでやる」

アッと驚くみんなを尻目に、大きなカナヅチでドンドンと壁をぶち抜いてしまった。そうなるともう取り返しがつかない。とにもかくにも、体裁を整えるしかない。

大工はまるで腰をぬかさんばかりの顔をして、

「私はこれまで、趣向を凝らした家や部屋をいくつも見てきたが、床の間をくりぬいた御仁には初めてお目に掛かりました。いやあ、世の中にはとんでもないことを考える人がいるもんだねえ」

驚きを通り越して呆れたふうだった。

こうしたシーンを読んでいくと、まるで足立全康が目の前でカナヅチを振るう様子が目に浮かぶようで、実に微笑ましい気がします。

彼の美術館と庭園づくりは万事この調子で、ときには電車から見えた松林に心を奪われ、職員を引き連れて見知らぬ駅で降り、その場で地主を探して移植を直談判したりもする。

ここぞというとき、そのような問答無用での行動が取れるのはトップだけです。トップだけが床の間の壁に穴を開けられるし、穴が開けば大工も従わざるを得ない。全員が反対しても「ワシがひとりでやる」の一言で事態が動いていくことを、彼はよく分かっていた。

足立全康の美術館運営の特徴を一言で表すとすれば、ひたすら「正面玄関」から様々な課題に取り組もうとする姿勢です。

彼はこれまで美術館に融資した前例はなかったという日本開発銀行に、融資を申し込んだ際、美術館を訪れた元総裁の平田敬一郎氏を次のように口説いたと振り返っています。

〈国がやるべき仕事をか弱い私どもがやっています。国のためになることをやっておるんやから、国から金を借りてどこがいけないんでしょう〉

後に「地方開発融資」の名目で、政府系銀行として初の美術館への融資が実現したそうです。

本来は国がやるべき美術館運営という文化にかかわる仕事を、自分たち民間がやっている——とは、正論であり筋論。それを真っ直ぐに主張する姿に、潔さを感じます。人は何かを初めてやろうとする際、ともすればどこかにうまい話はないかと考え、裏口を探そうとするものですが、彼は常に真正面から突破しようとするところが気持ちいい。

同じように大観の絵の持ち主を説得するときも、

〈ええですか、ワシのいまの立場は言うてみれば、ひと目惚れの女に一年も通いつめて、枕金も決めて、さあいよいよ床入りというときに枕をもって逃げられるようなもんですわ。そりゃあんまりじゃないですか〉

といった思わず笑ってしまうような名言をいくつも残しながら、一枚、また一枚と絵を集めていきます。

愚公山を移す

彼は〈命を賭けて物事に取り組めば必ず実現できる〉という信念を語っています。これはおそらく大観と庭のことで、どれだけ仕事を変えても、この二つについてはまさに一徹で一途。こうした執念が、散逸していた大観の絵を彼のもとへ呼び寄せていくのです。一例を挙げると、彼が大観の『南溟《なんめい》の夜』という作品を手に入れる過程などは、その最たるものだといえるでしょう。

彼は以前に買うことができず、後に盗難にあって行方不明になっていた『南溟の夜』が、ある社長のもとにあることを知ります。このとき、その社長から絵を譲ってもらうために、彼が必死に一席ぶって説得する際の描写がこうです。

〈気い悪うせんで聞いてもらいたいんやが、あんたさんが持っている『南溟の夜』は個人で持つ絵やない。あれは、相次ぐ玉砕の悲報に、大観が南方の皇軍将兵に想いを馳せながら描いた鎮魂の絵です。そこに描かれている精神からいって、美術館が所有すべきものや思いますねん〉

何度も盗難にあった作品が、そのようにして巡り巡って彼のもとへ集まってくる。人に出会いがあるのと同じように、絵にも出合いがある。そして、その「出合い」を引き寄せたのが、彼の絵に対する執念だったわけです。自分の好きなものを発信することによって縁が戻ってきたのです。

彼が美術館と庭園をつくり始めたのは七一歳のときですが、約二〇年後に九〇歳にして「閻魔様にもう二年待ってほしい」とお願いした、といった話をしています。

大観の傑作を集め、庭園の造形についても、庭をまさに走り回るようにして自ら庭師に具体的な指示を与えています。そこまでの情熱を持って一人の男が美術館をつくり上げていった様子に、僕は胸を打たれる思いがしました。

そのような足立全康の一途さに触れながら思い出したのは、「愚公《ぐこう》山を移す」という中国の故事です。

「愚公山を移す」とは『列子』の中にある説話で、次のような内容のものです。

――昔、中国に愚公という愚かな翁がいました。愚公は家の目の前の大きな山が邪魔で、町へ出るのに遠いからと、ある日、その山を削り始めます。その様子を見て、近所の人たちは山を人間が崩せるわけがない、と笑った。

何しろ爺さんは年寄りだし、山はこんなに大きい。何をバカなことをしているんだ、というわけです。

ところが、愚公は笑って答えるのです。

「わしが死んでも、子供がいる。子供が死んでも孫がいる。そうやって少しずつでも削っていけば、どんなに大きい山でもいつかはなくなる」と。

僕は足立全康の自伝を読んだとき、「ああ、愚公は山を移せるんだな」としみじみと思いました。

これだけの執念を持って、自らの夢を実現しようとすれば、いつかは美術館も生まれるし、世界に認められる最高の庭園もできる。

彼の自伝は経営学の教科書の副読本として使える、と先に僕は述べました。

その人生をケーススタディとして学んだ後は、ぜひ足立美術館に行ってみるといいでしょう。「笑顔こそ人生のパートナー」と語った足立全康の人柄とともに、必ずや「これほどスケールの大きなことを実践した日本人がいたのか」と様々な感動を覚えるはずです。

足立美術館の庭園

あとがき

僕がライフネット生命を起業する前に勤めていた日本生命には戦前、弘世助太郎《ひろせすけたろう》という明治生まれの社長がいました。

彼は日本生命が日本一となった後の一九三〇年代、家族を連れて欧米を漫遊する旅に出ます。そのとき自分たちがいかに井の中の蛙であったかを思い知り、一年後に帰国してから次のような旗印を高々と掲げました。

「臥薪嘗胆《がしんしょうたん》二〇年、世界制覇」

当時の僕はこの話を社史で知ったとき、やはり明治・大正の実業家のスケールの大きさに触れた思いがしたものです。何しろ社長がアメリカやヨーロッパに行って帰ってきたと思ったら、いきなり世界制覇を言い出すわけです。社員はさぞかし驚いたでしょうけれど、戦前の経営者にはそのような気宇壮大《きうそうだい》な精神があった。弘世助太郎のこの発想も、同時代を生きた梅屋庄吉や薩摩治郎八に通じるものであると思います。

本書では主に明治・大正期に活躍したそんな七人の実業家の自伝や評伝を読みながら、波乱万丈の彼らの人生を見てきました。

そのなかであらためて実感したのは、どの時代でも大富豪になった人というのは、それぞれに呆れてしまうほどのバイタリティを持っていた、ということです。

ビジネスでも学問の世界でも、そこで成功する人と成功しない人の間には、もともとそれほど大きな能力の差はないと僕は思っています。しかし、一方で物事に対する向上心や好奇心、何がなんでもそれを成し遂げようとする意欲には、人によって大きな差がありま す。

例えば、「一日に一つくらいは賢くなってやろうとする人」と「別に給与がもらえていればそれでいいや」と考える人とでは、最初の能力が同じでも日に日にその差は広がっていきます。それが自分の好きなこと、やりたいことであればなおさらでしょう。

七人にそれぞれの形で共通していたのが、まさに物事を学ぼうとするこの意欲、世界に対する好奇心であったと僕は感じました。

彼らの人生に触れていると、「もっと、もっと」という声が聞こえてくるかのようです。もちろん意欲と頑張りがあるからといって、人は必ずしも財を成すことができるとは限りません。いくら頑張ってもどうにもならないことが世の中には山ほどありますから、僕は「頑張ればなんとかなる」という考え方は大嫌いです。

しかし、それでも彼らの人生を見ていると、「もっと、もっと」と何事かを学び、それを人生の糧に代えることなしには、大事を成し遂げることはできないのだという気持ちになる。自らの人生に降りかかってくる成功も失敗も、その全てを次の道へと進む力へと代えていくバイタリティに圧倒されるものがあるのです。

また、彼らは日本の近現代史のなかでは、あまり名前を知られていない人たちでした。彼らはその個性の強さ故に成功した反面、自身の事業を次世代、次々世代に残していくことにはあまり関心がなかったように見えます。

ただ、果たして企業を長く存続させることがどれほどのことか、という思いに僕は駆られました。

彼らは確かに自らの名前や会社を後世に残すという点では、三井や三菱といったグループとは異なります。しかし、この世の中をよく見渡してみれば、僕たちは彼らの様々な遺産を見ることができます。

「伐《き》れば分かる」という土倉庄三郎の山林、足立全康や山崎種二の美術館、大倉喜八郎のホテルオークラ、梅屋庄吉の松本楼、御木本幸吉のブランドや薩摩治郎八の日本館……。注意深く見渡してみれば、こうした遺産から僕らはインスパイアを受けることができます。

何よりもその日その日を一所懸命に生きた、型にはまらない彼らの人生は、これからの時代を生きる日本人のロールモデルの一つ、ともいえるのではないでしょうか。

財閥や政界といった歴史のメインストリームから離れた場所を生きた彼らは、一方で資本主義の勃興期に世の中に対して大きな影響力を持ち、自らの持つお金を夢へと変えた人々だと思います。僕はそんな彼らの物語を知るとき、いま、勤務しているＡＰＵをもっと良くしたいと、自分がとても勇気づけられる気持ちになりました。明日の日本を担う若い皆さんにも、ぜひ、この気持ちを共有してほしいと願っています。

主要参考文献

●第一章　梅屋庄吉
小坂文乃『革命をプロデュースした日本人　評伝 梅屋庄吉』（講談社、2009年）
●第二章　薩摩治郎八
鹿島茂『蕩尽王、パリをゆく　薩摩治郎八伝』（新潮選書、2011年）
村上紀史郎『「バロン・サツマ」と呼ばれた男　薩摩治郎八とその時代』（藤原書店、2009年）
●第三章　大倉喜八郎
砂川幸雄『大倉喜八郎の豪快なる生涯』（草思社文庫、2012年）
大倉喜八郎『致富の鍵』（日本経済評論社、2017年）
●第四章　土倉庄三郎
田中淳夫『樹喜王　土倉庄三郎』（特定非営利活動法人芳水塾、2016年）
土倉祥子『評伝土倉庄三郎』（朝日テレビニュース社、1966年）

●第五章　御木本幸吉
大林日出雄『御木本幸吉（新装版）』（吉川弘文館、1988年）
御木本隆三『御木本幸吉』（時事通信社、1961年）
伊勢志摩編集室編『真珠王ものがたり　世界の女性の首を真珠で締めた男。御木本幸吉』（伊勢志摩編集室、1993年）
源氏鶏太『真珠誕生　御木本幸吉伝』（講談社、1980年）
●第六章　山崎種二
山崎種二『そろばん　売りのヤマタネ半生記』（パンローリング、2009年）
日本経済新聞社編『私の履歴書　昭和の経営者群像9』（日本経済新聞社、1992年）
●最終章　足立全康
足立全康『庭園日本一　足立美術館をつくった男』（日本経済新聞出版社、2007年）

編／出口治明［でぐち・はるあき］

立命館アジア太平洋大学（APU）学長、ライフネット生命創業者。1948年三重県生まれ。京都大学法学部卒業後、72年日本生命に入社。企画部、財務企画部にて経営企画を担当し、ロンドン現地法人社長、国際業務部長などを経て、同社を退職。2006年ネットライフ企画株式会社（2008年、ライフネット生命保険株式会社に変更）を創業、代表取締役社長に就任。13年より代表取締役会長。17年取締役を退任、18年1月よりAPU学長に就任した。近著に『0から学ぶ「日本史」講義　古代篇』『人類5000年史I——紀元前の世界』など。

著／稲泉連［いないずみ・れん］

ノンフィクションライター。1979年、東京都生まれ。早稲田大学第二文学部卒。2005年に『ぼくもいくさに征くのだけれど 竹内浩三の詩と死』で大宅壮一ノンフィクション賞を受賞。近著に『豊田章男が愛したテストドライバー』『「本をつくる」という仕事』など。

著／山川徹［やまかわ・とおる］

ノンフィクションライター。1977年、山形県生まれ。東北学院大学法学部、國學院大學文学部2部卒。『別冊東北学』の編集に携わり、調査捕鯨や自然災害などを取材。著書に『東北魂　ぼくの震災救援取材日記』など。6月に新著『カルピスをつくった男　三島海雲』を刊行予定。

戦前の大金持ち

二〇一八年 六月四日　初版第一刷発行
二〇二四年 八月十四日　第二刷発行

著者　出口治明、稲泉連、山川徹
発行人　三井直也
発行所　株式会社小学館
〒一〇一－八〇〇一 東京都千代田区一ツ橋二ノ三ノ一
電話　編集：〇三－三二三〇－五九五五
販売：〇三－五二八一－三五五五

印刷・製本　中央精版印刷株式会社

Printed in Japan ISBN978-4-09-825329-6

写真提供：小坂文乃、田中淳夫、
国立国会図書館、アフロ、
読売新聞、毎日新聞

編集：酒井裕玄